D. Z. Stone

Ein Märchen wird demaskiert

Wie ein Lehrer und seine Schüler die verborgene Vergangenheit ihrer Stadt aufdecken

Die Autorin

Die in New York lebende US-Amerikanerin **D. Z. Stone** ist Journalistin und Buchautorin. Sie studierte Kulturanthropologie an der Columbia University mit Master-Abschluss. Stone arbeitete als Jounalistin für die *New York Times* und die *Newsday.* Viel Aufmerksamkeit bekam sie in den USA für ihr Buch *No Past Tense,* das die Geschichte von Kati Kellner und ihrem Mann William Salcer schildert, die sich im Ghetto vor der Deportation nach Auschwitz kennenlernten und als Zwangsarbeiter die NS-Zeit überlebten.

D. Z. Stone

Ein Märchen wird demaskiert

Wie ein Lehrer und seine Schüler die verborgene Vergangenheit ihrer Stadt aufdecken

Basierend auf der Recherche von und
in Zusammenarbeit mit
Dieter Vaupel

Aus dem Englischen übersetzt von
Julian Vaupel

Bibliografische Information der Deutschen Nationalbibliothek
Die Deutsche Nationalbibliothek verzeichnet diese Publikation in der Deutschen Nationalbibliografie; detaillierte bibliografische Daten sind im Internet über http://dnb.d-nb.de abrufbar.

Wir bedanken uns bei den folgenden Institutionen und Personen für die Unterstützung bei der Drucklegung des Buches:

Stiftung der VR Bank Mitte «Mit HERZ für die Region»

Ron Salcer, Sohn des Mauthausen-Überlebenden Willi Salcer und der Auschwitz- und Hessisch-Lichtenau-Überlebenden Kati Salcer. Der Einfluss von Vaupels Arbeit auf Kati Salcers Leben wird dem Buch *No Past Tense* beschrieben.

Kulturförderung des Werra-Meißner-Kreises

Gewerkschaft Erziehung und Wissenschaft, Kreisverband Werra-Meißner

Gegen Vergessen – Für Demokratie e. V., Regionale Arbeitsgruppe Nordhessen-Südniedersachsen

Schüren Verlag GmbH
Universitätsstr. 55 | 35037 Marburg
www.schueren-verlag.de

Gestaltung: Erik Schüßler
Umschlaggestaltung: Erik Schüßler unter Verwendung von Fotos der Tourist Information Hessisch Lichtenau und dem Archiv Auschwitz
Druck: booksfactory, Stettin
Printed in Poland
ISBN 978-3-7410-0281-6

Inhalt

Vorbemerkungen
Der Stein des Anstoßes

Im Jahr 1983, als ich Lehrer an der Freiherr-vom-Stein-Schule in Hessisch Lichtenau war, fragten Schülerinnen und Schüler nach der Nazi-Vergangenheit ihrer Stadt. Sie wollten wissen, warum über die große Rüstungsfabrik, von der die Reste noch im Ortsteil Hirschhagen zu finden waren, nicht öffentlich gesprochen wurde. Hatten vielleicht auch die Giftrückstände im Trinkwasser etwas damit zu tun? Ich habe mich mit den Jugendlichen auf den Weg gemacht und wir sind in einer Projektwoche an unserer Schule der Frage nachgegangen, was eigentlich in der Stadt während der Zeit des Nationalsozialismus wirklich passiert ist.

Als meine Schülerinnen und Schüler und ich danach fragten, wurden wir mit Schweigen, Zurückweisung und Ablehnung konfrontiert. Immer wieder hörten wir Sätze wie diese: «Wir wussten nichts davon!» «Das ist so lange her!» Oder: «Lasst die Vergangenheit doch endlich ruhen!» Aber wir, meine Schülerinnen und Schüler sowie später auch engagierte Lichtenauer Bürgerinnen und Bürger, die sich uns angeschlossen hatten, haben «Nein!» gesagt. Wir wollten die Vergangenheit nicht ruhen lassen, wollten nicht, dass das, was damals passiert war, noch länger verschwiegen wurde!

Wir recherchierten weiter und ließen uns nicht einschüchtern. Wir deckten menschliches Leid auf und waren tief berührt vom Schicksal der 1.000 jüdischen Mädchen und Frauen, die aus Auschwitz als Zwangsarbeiterinnen in unsere Stadt geschickt wurden. Schließlich haben wir versucht aufzudecken, was sie ertragen mussten, und konnten sogar Kontakte zu Überlebenden herstellen. Wir wollten nicht zu denen gehören, die sich für das Schweigen, Verdrängen, Vergessen und Verleugnen entschieden haben.

Was in Hessisch Lichtenau verschwiegen wurde, war im Nachkriegsdeutschland kein Einzelfall. Nach 1945 wollten nicht nur die Anhänger des NS-Regimes, sondern auch ganz alltägliche Menschen, die als Mitläufer das System mitgetragen hatten und auch sogar teilweise die, die in der Zeit des Nationalsozialismus misshandelt und gedemütigt wurden, das Geschehene begraben und vergessen.

Thomas Buergenthal, der als kleiner Junge Auschwitz überlebte, schreibt in seinen Memoiren: «[...] der Holocaust kann nicht vollständig verstanden werden, wenn wir ihn nicht mit den Augen derer betrachten, die ihn erlebt haben.» Wir haben versucht, dies zu tun, indem wir den Menschen auf der Liste der 1.000 jüdischen Frauen und Mädchen, die aus Auschwitz nach Hessisch Lichtenau zur Zwangsarbeit geschickt wurden, ein Gesicht gegeben und sie zu einem Treffen nach Hessisch Lichtenau eingeladen haben: Blanka Pudler, Judith Isaacson, Trude Levi, Kati Salcer und all die anderen ...

Wir hofften, dass unsere Recherchen dazu beitragen würden, andere zu warnen, damit so etwas nie wieder passiert. Wir wollten, dass die Menschen sehen, was passieren kann, wenn Hass und Intoleranz die Oberhand gewinnen. Wir hatten die Hoffnung, dass die Menschen über das, was in Hessisch Lichtenau passiert war, nachdenken und auch danach fragen, wie es heute in unserer Gesellschaft aussieht: Gibt es auch heute Menschen, die aufgrund ihrer Kultur, Religion oder ihrer anderen Lebensweise noch immer ausgegrenzt werden? Was können wir dagegen tun? Was können wir aus dem, was damals in unserem Ort passierte, lernen?

Wir haben in Deutschland in den vergangenen Jahren den Aufstieg der AfD, einer rechtspopulistischen Partei, erlebt. Wir haben erlebt, wie für die Erinnerung an den Holocaust von führenden Vertretern dieser Partei eine «180-Grad-Wende» verlangt und das Berliner Holocaust-Mahnmal als ein «Mahnmal der Schande» bezeichnet wurde. Und wir haben nicht nur die Verrohung der Worte, sondern auch die Umsetzung in Taten erlebt, wie etwa die NSU-Morde, den Mord am Kasseler Regierungspräsidenten Walter Lübcke, den Angriff auf die Synagoge in Halle oder die von rechtsextremistischem Gedankengut motivierte Ermordung von Migranten in Hanau. Das sind Signale, die uns angesichts dessen, was vor fast 80 Jahren nicht nur in Hessisch Lichtenau passierte, aufhorchen lassen und uns warnen.

Jede einzelne Zwangsarbeiterin und jeder einzelne Zwangsarbeiter in der Sprengstofffabrik Hessisch Lichtenau ist eine Mahnung, sich für die Menschlichkeit einzusetzen – eine Mahnung, nicht zu schweigen und nicht wegzuschauen, wenn jemand angegriffen, gedemütigt und verletzt wird. Die Menschenwürde zu achten und zu schützen – das ist unsere Verantwortung.

Das Beispiel Hessisch Lichtenau macht aber auch Hoffnung für die Zukunft. Es zeigt die Bedeutung von Bildung und Erziehung, zeigt, was junge Menschen erreichen können, wenn sie Fragen stellen und kein «Nein» als Antwort akzeptiert wird.

So wie 1983 Schülerinnen und Schüler den Stein ins Rollen brachten, so engagieren sich heute wieder junge Menschen dafür, die Erinnerung an Blanka Pudler und die anderen jüdischen Frauen und Mädchen wachzuhalten. Inspiriert von Schülerinnen und Schülern der Freiherr-von-Stein-Schule bildeten im Sommer 2019 zweitausend Menschen eine Menschenkette für Toleranz und Menschlichkeit, die den Weg markierte, den die jüdischen Frauen und Mädchen vom Zwangsarbeiterlager bis zur Fabrik täglich marschieren mussten. Wie ich es Blanka, zu der ich mehr als drei Jahrzenhnte lang einen besonders intensiven Kontakt hatte, vor ihrem Tod versprochen habe: Wir werden sie und ihre Lagerkameradinnen nicht vergessen.

Die heutige Schülergeneration in Hessisch Lichtenau zeigt immer wieder, dass ihnen dies sehr wichtig ist. So stand der Holocaust-Gedenktag an der Freiherr-vom-Stein-Schule im Jahr 2022, der die gesamte Schule mobilisiert hat, ganz im Zeichen von Blanka Pudler und den anderen ehemals nach Hessisch Lichtenau verschleppten Frauen. Und im März 2022 hat sich die Freiherr-vom-Stein-Schule dem Netzwerk «Schule ohne Rassismus – Schule mit Courage» angeschlossen. So werden die Erfahrungen und Erkenntnisse aus der Geschichte mit der Gegenwart und Zukunft verbunden.

A Fairy Tale Unmasked – so lautet der Titel dieses Buches auf Englisch – besteht in der Originalfassung aus zwei Teilen. Im ersten Teil erzählt die Journalistin und Autorin D. Z. Stone die Geschichte, wie wir die verschüttete Nazi-Vergangenheit der Stadt Hessisch Lichtenau entschlüsselten und Kontakte mit den Überlebenden, die gezwungen waren, in einer der größten Sprengstoffabriken in ganz Europa zu arbeiten, aufnahmen.

Teil Zwei – der in dieser deutschen Fassung nicht enthalten ist – ist eine englische Übersetzung der 2018 im Dietz-Verlag Bonn von mir veröffentlichte Geschichte von Blanka Pudler, *Auf einem fremden unbewohnbaren Planeten*. Blanka, die als 15-jähriges Mädchen als Zwangsarbeiterin von Auschwitz nach Hessisch Lichtenau deportiert wurde, kehrte nach unserer ersten Kontaktaufnahme ab 1987 regelmäßig zurück, um ihre Geschichte stellvertretend auch für die anderen Frauen und Mädchen immer wieder vor Schülerinnen und Schülern zu erzählen. Ihre Botschaft lautete: «Ich habe mich entschlossen, solange meine Kräfte reichen zu sprechen und damit einen Beitrag zu leisten, dass so etwas wie in Auschwitz nie wieder passieren kann.»

Dr. Dieter Vaupel

Vorwort

Das nun ins Deutsche übersetzte Buch – im Original *A Fairy Tale Unmasked. The Teacher and the Nazi Slaves* – zeigt die Anstrengung eines ganz besonderen deutschen Lehrers sowie seiner innovativen und unermüdlichen Schülerinnen und Schülern, die wahre Geschichte ihrer charmanten Stadt aufzudecken, die einst der Standort eines Nazi-Sklavenarbeitslagers war. Jeder, der ein bestimmtes Alter hatte und in der Stadt lebte, wusste dies, die meisten entschieden sich aber dafür, es zu vergessen. Dieter Vaupel zeigt uns, wie man diese vergessene Geschichte lebendig werden lässt – wie man Vergangenheit, Gegenwart und Zukunft miteinander verbindet, wie man nicht nur Informationen vermittelt, sondern wie man inspiriert – und das Ergebnis bringt Wahrheit und Versöhnung in eine düstere historische Realität. Teil II der englischen Originalfassung dieses Buches enthält die Erinnerungen von Blanka Pudler, die 1944 als 15-jährige ungarische Jüdin in diesem Lager inhaftiert war. Posthum komponiert aus den vielen Geschichten, die sie erzählt hatte, als sie nach Jahren des Schweigens zu sprechen begann.

Die Geschichten, um die es hier geht, sind es Wert erzählt zu werden, sind einzigartig und doch unheimlich vertraut. 1990 sah ich einen deutschen Film mit dem Titel DAS BÖSE MÄDCHEN, der die Geschichte von Anna Rosmus erzählte, einer jungen deutschen Gymnasiastin aus Passau, die unschuldig anfing, die Historie ihrer Stadt zu recherchieren, weil sie den Erzählungen nicht glaubte, die ihr von ihren Eltern überliefert worden waren: Die Stadt Passau und ihre Führung, so hielt es auch die Historie der Stadt fest, sei damals nicht den Übeln des Nationalsozialismus erlegen. Die einheimischen Juden habe man mit Mitgefühl und Solidarität behandelt. Und dann begann sie mit ihrer Recherche, las Zeitungsausschnitte und Archivquellen, die eine radikal andere Geschichte erzählten.

Angesehene Familien der Stadt waren Mitglieder der NSDAP gewesen, und Passauer Bürgerinnen und Bürger hatten sich an der Razzia gegen Juden und deren Deportation in Konzentrationslager beteiligt. Als Ergebnis ihrer Recherche hat sie einen preisgekrönten Artikel geschrieben und dann zwei gut rezensierte, zutiefst kontroverse und zutiefst spaltende Bücher, die die bequemen Mythen erschütterten, die die Stadtbewohner sich selbst und anderen erzählt haben. Ich traf Anna Rosmus, nachdem sie gezwungen war, ihre Heimatstadt und ihr Heimatland zu verlassen und in die Vereinigten Staaten kam. Wir haben sie beim United States Holocaust Memorial eingestellt. Bei der Zusammenarbeit hörte ich Geschichte um Geschichte, so las ich von Vaupel und seinen Schülern mit dem Gefühl, dass es wieder so weit ist.

Er arbeitete mit seinen Schülerinnen und Schülern zur gleichen Zeit, als Rosmus ihre Arbeit machte. Es war auch der Moment, rund 40 Jahre nach dem Holocaust – eine Generation später – als die deutsche Regierung unter Helmut Kohl die Nachkriegszeit der deutschen Schande beenden und den Holocaust hinter sich lassen wollte. Viele von uns können sich an die Kontroverse von Bitburg erinnern.

Doch die dritte Generation will sich daran erinnern, was die zweite Generation verbirgt, und die erste Generation würde es vorziehen, im Dunklen zu bleiben, will vergessen und begraben. Der Wahrheit ist schwer zu begegnen; daher ist es immer wichtiger, sich damit auseinanderzusetzen.

Als Lehrer bewundere ich sehr, was Vaupel mit seinen Schülerinnen und Schülern gemacht hat: Er machte sie zu aktiven Lernenden. Er lehrte sie, die Bedeutung der Geschichte zu verstehen, dabei ging es ihm nicht nur um die Aufdeckung der Vergangenheit, sondern auch um die Vorbereitung der Schülerinnen und Schüler auf die Zukunft.

Und die dokumentierte Geschichte von Blanka Pudler ist auch ein Ergebnis der Entscheidung der dritten Generation, sich daran zu erinnern, was die zweite Generation vergessen möchte und was die erste Generation lieber im Verborgenen halten möchte. Sie war eine Überlebende, die sich zunächst nur ungern an ihre Vergangenheit erinnerte und noch mehr zögerte, sie an eine andere Generation weiterzugeben. Aber es kam ein Moment in ihrem Leben, an dem sie sich ihrer eigenen Geschichte stellen musste und einen Weg finden musste, auf eine Weise über Angst und Tod zu sprechen, die das menschliche Leben bereicherte, die für menschlichen Anstand plädierte und die Menschenwürde proklamierte. Als sie das tat, kam sie aus der Rolle des Opfers heraus, sie wurde zu einer Zeugin und zu einem Symbol der Widerstandsfähigkeit. Sie stellte sich ihren Dämonen und ihrer Vergangenheit und machte daraus ein Werkzeug, um zur Zukunft beizutragen. Die Geschichte, die zuerst im Klassenzimmer erzählt wurde, ist später auf Papier, in einem Buch, festgehalten worden, damit sie Bestand haben soll.

Stellen Sie sich auch den Beitrag vor, den Vaupel und seine Schülerinnen und Schüler zum Leben der Überlebenden geleistet haben. Einige kehrten vereinzelt zunächst tapfer an den Ort ihrer Inhaftierung zurück, nur um dort zu erfahren, dass es angeblich nie ein solches Lager, nie einen solchen Ort gegeben hat. Als Judith Magyar Isaacson in den 1980er-Jahren zurückkehrte und sich deutlich an ein unterirdisches Fabrikgelände erinnerte, verleugneten alle, die sie fragte, dessen Realität. Kati Kellner Salcer, deren Biografie auch D. Z. Stone geschrieben hatte – und zu der ich ein Vorwort beisteuerte – wurde nicht einmal von ihrem Ehemann geglaubt, der selbst ein Überlebender war.

Dank dieses Lehrers und seiner engagierten Schülerinnen und Schüler wurde den Überlebenden nun bestätigt, dass das, was sie berichtet haben, der Wahrheit entspricht und der Stadt Hessisch Lichtenau selbst wurde es dadurch nicht ermöglicht, ihre eigene Geschichte weiterhin zu verleugnen. Bemerkenswerterweise hat sich die Auseinandersetzung mit der Vergangenheit für viele Stadtbewohner als befreiend erwiesen und nicht nur das dunkle Kapitel der Vergangenheit aufgedeckt, sondern auch die wichtigen und leider allzu seltenen Fälle von Solidarität und Anstand, die es auch in dieser Zeit gab. Sie machen Hoffnung, denn darauf kann eine bessere Zukunft aufgebaut werden.

Dieter Vaupel musste Deutschland nicht verlassen, sondern promovierte auf der Grundlage der Forschungen, die er und seine Schüler unternommen und weitergetragen haben – diesmal in der universitären Bildung. Die zutage geförderten Erkenntniss prägten nun den Geist der dritten und vierten Generation, die verstanden hat, dass man der Wahrheit ins Auge blicken muss. Die Konfrontation mit Mut und Entschlossenheit, kann einer neuen Generation dabei helfen, wichtige Erkenntniss aus der Asche der Ermordeten in die Gegenwart und Zukunft zu retten.

Prof. Dr. Michael Berenbaum
American Jewish University Los Angeles, CA

Kapitel 1
Etwas ist im Wasser

Im Jahr 1975 wurde die malerische deutsche Stadt Hessisch Lichtenau als ein Zwischenstopp auf einer neuen Karte zur Förderung des Tourismus in der Region markiert, der «Märchenstraße». Diese 600 Kilometer lange, gewundene Straße folgte dem wahren Leben und den mythischen Geschichten der Brüder Jacob und Wilhelm Grimm.

Hessisch Lichtenau mit seinen Fachwerkhäusern, den nahe gelegenen Ruinen der Burg Reichenbach, den Großen Steinen, die angeblich von Riesen dorthin geworfen wurden, und einem Teich, in dem Neugeborene zur Welt kommen sollten, war auch die Heimat eines der beliebtesten Märchen der Brüder Grimm: *Frau Holle*. Die Stadt war eingebettet am Fuße des Hohen Meißners, dem Berg, wo Frau Holle – der Legende nach – lebte und ihre Betten ausschüttelte, damit Federn fliegen und Schnee auf die Welt fallen würde.

Doch hinter dieser bezaubernden Fassade war nicht alles idyllisch in Hessisch Lichtenau. Niemand sprach über das Gift im Wasser oder wie es dorthin gelangte.

Ein Jahr vor der Einrichtung der Märchenstraße, 1974, erfuhren die Menschen vor Ort, dass die Behörden Schadstoffe in ihrem Grundwasser gefunden hatten, giftige Rückstände aus der Produktion des explosiven Trinitrotoluol (TNT). Diese Informationen brachte ein Artikel in der Lokalzeitung, der *Hessisch Niedersächsischen Allgemeinen*, ans Tageslicht. Was die Behörden nicht mitteilten, war,

1 Das alte Fachwerk-Rathaus in Hessisch Lichtenau mit Wandmotiven aus dem Grimmschen Märchen *Frau Holle (Tourist Information Hessisch Lichtenau)*

wie lange sie bereits wussten, dass sich an vielen Stellen auf einem 350 Hektar großen Gebiet in der Nähe der Stadt giftige Rückstände aus der Sprengstoffproduktion während des Krieges nachweisen ließen.

Der erste Hinweis kam 1963, als ein Hund verendete, nachdem er in ein altes Betonbecken gefallen war, das mit einer übelriechenden Flüssigkeit gefüllt war. Vier Jahre dauerte es danach noch, bis 1967 die städtische Wasserversorgung zum ersten Mal auf Schadstoffe getestet wurde. Der Test zeigte spezifische chemische Verbindungen im Trinkwasser, Rückstände aus der TNT-Produktion, aber die Öffentlichkeit wurde bis 1974 nicht über eine Verunreinigung informiert. Nach der erstmaligen Erwähnung in der Lokalzeitung wurden dann keine weiteren Berichte mehr über die Verunreinigung publiziert, und niemand sprach zumindest öffentlich über die Probleme mit dem Wasser.

Dieter Vaupel war 30 und verheirateter Vater mit zwei kleinen Kindern, als er 1980 nach Hessisch Lichtenau kam, um 12- bis 18-Jährige in Geschichte, Politik und Deutsch an der Freiherr-vom-Stein-Schule, der dortigen Gesamtschule, zu unterrichten. Bis zu diesem Zeitpunkt hatte er noch nie von einem Problem mit dem Wasser der Stadt gehört. Und niemand hatte ihm davon erzählt. Was er bekam, war ein Geheimtipp über einen guten Ort zum Schwimmen. Obwohl bei den Hirschhagener Teichen ein «Baden verboten»-Schild angebracht war, gab es offensichtlich keinen Grund dieses Verbot einzuhalten. Also ging Dieter dort

2 Blick auf die Stadt Spangenberg am Fuße des Schlossbergs in einer waldreichen Umgebung gelegen *(Foto: Friedhelm Winter)*

zum Baden und schwamm dort einmal sogar bei einem Klassenausflug mit seiner gesamten 25-köpfigen Schulklasse.

Die Nachricht von Schadstoffen im örtlichen Grundwasser kam erst im Jahr 1982 ans Licht, als die Landesbehörden mehrere Kilometer entfernt vom alten Brunnen, aus dem die Stadt Hessisch Lichtenau ihr Trinkwasser bekam, einen neuen, tieferen Brunnen für die Wasserversorgung bohrten. Vaupel und seine Schüler waren verwirrt – was war mit dem Wasser ihrer Stadt passiert? Woher kamen diese Gifte? Um welches explosive Material ging es da? Was geschah dort während des Krieges?

***

Dieter Vaupel, Jahrgang 1950, wuchs unweit von Hessisch Lichtenau in einer anderen sagenumwobenen Region, in dem 3.000-Einwohner-Städtchen Spangenberg, auf.

Der Schlossberg, ein bewaldeter Hügel, zu dem von der Stadt ein Fußweg hinaufführt, war ein abenteuerlicher Spielplatz für Dieter und seinen älteren Bruder Peter, geboren 1948. Zusammen mit ihren Freunden verbrachten die

Brüder Stunden damit, die Gegend zu erkunden, vor allem die Geheimgänge und Mauern der Burg – das, was nach dem Krieg davon noch übriggeblieben war.

Schloss Spangenberg, das während des Zweiten Weltkriegs als Kriegsgefangenenlager für britische Offiziere diente, wurde kurz vor Kriegsende bei einem Bombenangriff zerstört, nachdem die Gefangenen evakuiert worden waren. Ein herzzerreißender Verlust für die Stadtbewohner. In den 1950er-Jahren begann die Landesregierung unter Mithilfe Spangenberger Bürger, die sich in einer Initiative zusammenschlossen, mit dem Wiederaufbau des Schlosses. Es beherbergte anschließend ein Hotel, das für seinen märchenhaften Charme und seine Romantik bekannt war.

Für Dieter waren diese Jahre prägend, denn das Kennenlernen der Burg Spangenberg förderte besonders sein eigenes Interesse an Geschichte – in späteren Jahren veröffentlichte er als Historiker Artikel über die Burg. Aber, dass er Lehrer geworden ist, schreibt er seiner Mutter zu.

Die stets gute Schülerin Martha Holzhauer musste ihre eigene Hoffnung auf eine Tätigkeit als Lehrerin früh aufgeben. Nach nur acht Schuljahren war sie trotz guter Leistungen gezwungen, die Schule zu beenden, um in der kleinen Metzgerei ihrer Familie zu arbeiten. Doch mit Heirat und Kindern vergaß sie ihren Traum nicht, erzählte oft ihrem Sohn Dieter davon. Dank Dieters Vater Karl Vaupel, der als Versicherungsvertreter hart arbeitete, um die Familie zu ernähren, konnte Dieter die Universität besuchen und als erstes Kind in der Familie den Traum seiner Mutter erfüllen, stellvertretend für sie zu unterrichten. Dieters Schwester Annelie, geboren 1953, wird später ebenfalls Lehrerin.

Dieter besuchte die Grundschule in seiner Heimatstadt und anschließend die Geschwister-Scholl-Schule, ein Gymnasium in der Kreisstadt Melsungen. So erfuhr er zu einer Zeit, in der man noch nicht viel über die Nazizeit in der Öffentlichkeit sprach, von den Namensgebern seiner Schule, Hans und Sophie Scholl. Bruder und Schwester, die verhaftet wurden, weil sie Flugblätter gegen die Nationalsozialisten verteilt hatten. Sie waren Mitglieder der Weißen Rose, einer Münchner Studentengruppe, die sich versteckt im gewaltfreien Widerstand gegen das Hitler-Regime engagierte. 1943, bevor sie im Gefängnis Stadelheim durch die Guillotine hingerichtet wurden, sagte Sophie Scholl: «Wie können wir erwarten, dass sich die Gerechtigkeit durchsetzt, wenn kaum jemand bereit ist, sich individuell für eine gerechte Sache einzusetzen?»

Dieters Interesse an der NS-Zeit wurde vor allem durch seine Großmutter Elise Holzhauer geweckt. Sie hatte eine geheimnisvolle schwarze Handtasche voller alter Fotos und ihr Enkel saß oft mit ihr in ihrem Wohnzimmer und betrachtete die Bilder. Oma Elise erzählte Geschichten und berichtete Dieter von

3 Die Ruinen von Schloss Spangenberg. Ein Abenteuerspielplatz für Dieter in seiner Kindheit *(Privatarchiv Dieter Vaupel)*

4 Das Spangenberger Schloss nach dem Wiederaufbau *(Foto: Friedhelm Winter)*

den über 100 Juden, die vor 1933 in Spangenberg gelebt hatten und von denen kein einziger jemals zurückgekehrt war.

Der jüdische Metzger der Stadt, Moses Katz, hatte zusammen mit Dieters Metzger-Großvater Wilhelm Holzhauer Vieh geschlachtet. Jahre später erfuhr Dieter, dass Moses Katz von den Nazis verhaftet worden war, weil er sein Vieh nach jüdischem religiösen Ritus getötet hatte. Moses starb an den Folgen der Inhaftierung. Dieter Vaupel schrieb die Geschichte der Spangenberger Juden auf, berichtete über ihre Vertreibung und Ermordung.

Während Dieters letztem Jahr im Gymnasium begannen Schülerinnen und Schüler in ganz Deutschland, in der sogenannten 1968er Studentenbewegung, das Land buchstäblich auf den Kopf zu stellen. Ein junger Lehrer an Dieters Schule, der Geschichte und Politik unterrichtete und völlig anders war als die typischen autoritären Lehrer der damaligen Zeit, beflügelte und prägte Dieters politisches Interesse.

Dieter lernte, dass er sich Eltern und Lehrern nicht mehr ungefragt unterordnen musste. Wie Studenten in ganz Deutschland warfen er und seine Kommilitonen viele kritische Fragen auf, die bis dahin nicht gestellt werden durften, vor allem zur NS-Vergangenheit. Sie wollten wissen, was wirklich passiert war und fragten danach, welche Rolle ihre Eltern und Großeltern in dieser Zeit gespielt haben. Sie setzten sich auch für die Rechte anderer ein, forderten Chancengleichheit für alle und setzten sich mit den Befreiungsbewegungen auf der ganzen Welt auseinander.

Dieses neue Lebensgefühl drückte sich auch nach außen aus. Dieter ließ sich die Haare lang wachsen, trug einen Bart und trug aus Protest gegen die konsumorientierte Welt und das bürgerliche Establishment die billigsten Jeans und Hemden, die er finden konnte. Auch die Musik hatte einen bedeutenden Einfluss, insbesondere die von Jimmy Hendrix, Bob Dylan, Pete Seeger, Joan Baez, John Lennon und Woody Guthrie.

Nach dem Abitur besuchte Dieter Vaupel die Justus-Liebig-Universität in Gießen, wo er weiterhin von der Studentenbewegung beeinflusst wurde. Seine zukünftige Arbeit als Lehrer wollte er politisch sehen: Ziel sei es, die Gesellschaft durch Bildung zu verändern und humaner zu gestalten. Sein Schwerpunkt, darüber war er sich im Klaren, würde die Arbeit mit jungen Menschen aus sozial benachteiligten Familien werden.

Am Ende seines Studiums entschied sich Dieter für ein Jahr Zivildienst, da er mit der Friedensbewegung sympathisierte. Den Wehrdienst und damit die Ausbildung zum Soldaten, lehnte er strikt ab. Er trat eine Stelle als Zivildienstleistender bei der Organisation «Sozialer Friedensdienst» an, brachte älteren Menschen, die nicht mehr für sich selbst sorgen konnten, ein warmes Mittagessen und unterstützte sie im Haushalt. Für viele war er die einzige Person, zu denen sie Kontakt hatten; manchmal verweilte er auf einen Kaffee oder ging mit ihnen spazieren. Dabei unterhielten sie sich über die ganz alltäglichen Dinge. Nach dem Zivildienst begann Dieter 1977 seine Lehrertätigkeit. Seine erste Festanstellung bekam er an einer Gesamtschule in Baunatal. 1980 zog er mit seiner Familie in seine Heimatstadt Spangenberg, nachdem er eine Stelle an der nahegelegenen Freiherr-vom-Stein-Schule in Hessisch Lichtenau angetreten hatte.

5 Dieter Vaupel in den 1970er Jahren *(Foto: Günter Pöpperl)*

Als 1983 bekannt wurde, dass das Wasser in Hessisch Lichtenau durch giftige Rückstände aus der TNT-Produktion belastet ist, wollten die Schülerinnen und Schüler von Dieter Vaupel wissen, was während des Krieges eigentlich in ihrer Stadt passiert ist. Und er hatte keine Angst, nach Antworten zu suchen.

Kapitel 2
Im Wald von Hirschhagen

Im Frühjahr 1983 fand die jährliche Projektwoche der Freiherr-vom-Stein-Schule in Hessisch Lichtenau statt. Die etwa 1.000 Schülerinnen und Schüler teilten sich dabei in 50 Projektgruppen auf. Während einer Projektwoche findet kein regulärer Unterricht in Klassen und Kursen statt, sondern die Schülerinnen und Schüler arbeiten an vielen unterschiedlichen Themen, die meisten wurden von ihnen in diesem Jahr vorgeschlagen. Alle Themen, von Kunst, Kultur und Geschichte über Naturwissenschaften bis hin zu praktischen und handwerklichen Projekten, wurden aufgelistet und die Lehrerinnen und Lehrer konnten sich überlegen, welche der Gruppen sie übernehmen wollten.

In diesem Jahr entschied sich Dieter Vaupel dafür, die Gruppe zu leiten, die an einer scheinbar einfachen Frage arbeitete: «Was geschah in unserer Stadt während der Nazizeit?» Eine Frage, die möglicherweise wegen der Nachrichten über die Wasservergiftung aufgeworfen worden war, aber wie so viele junge Menschen in diesen Jahren in ganz Deutschland, wollten die Schülerinnen und Schüler wissen, wie ihre Heimatstädte und -dörfer die Schrecken des Naziregimes erlebt haben.

Dieter konnte nicht ahnen, wie besonders und wie umstritten die Arbeit gerade an diesem Thema sein würde – und auch nicht, wie es seinen Lebensweg verändern und eines Tages eine Gruppe jüdischer Frauen und Mädchen betreffen würde, deren Geschichte er sich zu diesem Zeitpunkt noch nicht einmal vorstellen konnte.

Der erste Hinweis auf Kontroversen kam kurz nach der Bildung der Gruppen. Ein Junge sagte Dieter, er müsse das Projekt abbrechen, weil seine Eltern das Thema zu gefährlich fänden. Dann, in den Wochen vor der Projektwoche, wurde erstmalig der Widerstand in der Stadt deutlich, der ihnen begegnen würde, als Schülerinnen versuchten, Interviews mit Familienmitgliedern, Freunden und Nachbarn zu durchzuführen. Sie trafen auf eine sprichwörtliche Mauer des Schweigens.

Dieter und die Schülerinnen und Schüler mussten einen Weg finden, herauszufinden, was in Hessisch Lichtenau passiert war, als niemand darüber sprechen wollte und es offensichtlich nichts in den schriftlichen oder archivierten Aufzeichnungen der Stadt gab. Sie sahen das mit TNT-Rückständen verunreinigte Grundwasser als Hinweis und beschlossen, das Gebiet zu erkunden, in dem der Sprengstoff augenscheinlich produziert worden war.

***

Hirschhagen, in einem dicht bewaldeten Gebiet, etwas außerhalb von Hessisch Lichtenau gelegen, hatte eine postapokalyptische und giftige Atmosphäre. Es war eine unheimliche Mischung aus gesprengten und halb zerstörten Gebäuden sowie einem aktiven Industriegebiet.

Was Dieter Vaupel und seine Schülergruppe zu Beginn nicht wussten, war nicht nur, was in Hirschhagen während der NS-Zeit geschah, sondern auch unmittelbar nach Kriegsende. Sie hatten keine Ahnung, dass 1945 Gebäude auf dem riesigen Gelände abgerissen und gemäß dem Potsdamer Abkommen Maschinen aus den Fabrikgebäuden als Reparation in andere Länder gebracht wurden. Dann wurde etwa ein Drittel der verbliebenen Gebäude gesprengt.

Der Rest der Gebäude sollte zerstört werden, als schließlich der Plan von der amerikanischen Militärregierung geändert wurde. Einige spekulierten, dass es die kaum zu erfüllende Herausforderung war, den Stahlbeton zu sprengen, die zu der Entscheidung führte, die verbleibende Fläche für Industrie und als Flüchtlingssiedlung zu nutzen. Der Plan war, nun in den Gebäuden Flüchtlinge zu beherbergen, hauptsächlich Deutsche, die nach dem Krieg aus Gebieten flohen, die Polen und der Tschechoslowakei zugesprochen wurden, sowie solche aus dem anderen Teil Deutschlands, der Deutschen Demokratischen Republik (DDR).

Zu Beginn der Projektwoche waren Dieter und seine Schülerinnen und Schüler nicht ganz ahnungslos und hatten bereits ein paar Dinge über die Nachkriegsgeschichte der Gegend herausgefunden. Aus Recherchen in Unterlagen wussten sie, dass 1946 die Deutschen Regierung über die Industrie Verwaltungs Gesellschaft (IVG) einzelne Gebäude an Maschinenbau-, Pharma- und Werkstofffirmen

6 Gesprengtes Produktionsgebäude der ehemaligen Sprengstofffabrik im Wald von Hirschhagen *(Foto: Wolfram König/ Ulrich Schneider)*

vermietet hatte. Ab 1966 wurden Grundstücke und Gebäude von der IVG dann systematisch an Unternehmen und Privatpersonen verkauft. Das sahen viele Käufer als große Chance an, denn die Preise waren günstig, die Infrastruktur gut, und kaum jemand kümmerte sich damals darum, dass das Gebiet stark durch Giftstoffe aus der Sprengstoffherstellung verseucht war.

Zur Zeit der Projektwoche im Jahr 1983 war Hirschhagen das größte Gewerbegebiet der Stadt Hessisch Lichtenau und mit 600 Arbeitsplätzen der größte Arbeitgeber. Zu dieser Zeit lebten rund 200 Menschen in Hirschhagen, viele ehemalige Flüchtlinge und ihre Nachkommen, die seit 30 Jahren in alten gepachteten Bunkern, Hallen und den übrigen Gebäuden lebten.

Einige waren Familien mit Kindern; etwa 30 Kinder lebten zwischen den Bunkertrümmern in Hirschhagen. Rund die Hälfte davon waren Kleinkinder und der Rest schulpflichtige Kinder, die in Hessisch Lichtenau die Schule besuchten. Viele gehörten eher zu den sozial Schwachen, zur ärmeren Bevölkerung und lebten in den ehemaligen Bunkern, die zwar innen renoviert und bewohnbar waren, aber äußerlich seit dem Krieg kaum verändert worden waren. Nur we-

7–8 Zwei frühere Bunker, die zu Wohnhäusern umgebaut wurden, in den 1980er Jahren. Man sprach auch von sogenannten «Bunkalows» *(Foto: Wolfram König / Ulrich Schneider)*

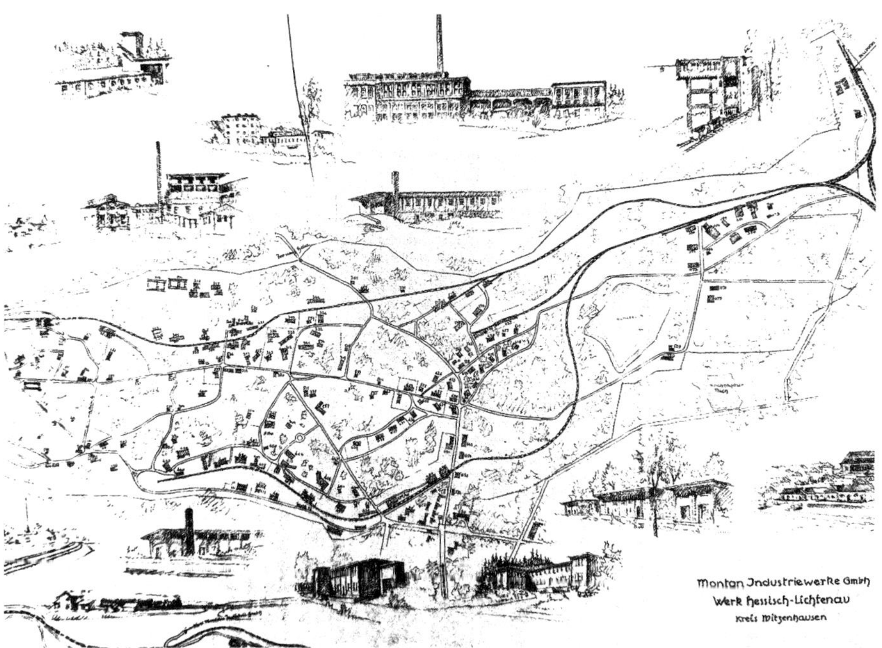

9 Zufallsfund: Eine Karte aus dem Jahr 1949, in der fast 400 Produktionsgebäude eingezeichnet sind *(Privatarchiv Dieter Vaupel)*

nige der Gebäude waren komplett saniert worden und sahen aus wie einladende Bungalows.

Daneben lebten in Hirschhagen Menschen, die man als Abenteurer bezeichnen könnte, die sich in dem chaotischen Gelände ein Leben aufgebaut und Wohnhäuser aus den Resten und Trümmern zusammengeflickt hatten. Diese Leute fanden das Hirschhagener Gebiet ganz besonders, manche auch unheimlich und einige mochten die Abgeschiedenheit in diesem dicht bewaldeten, geheimnisvollen Areal.

Im krassen Gegensatz dazu stand eine Gruppe von Menschen, denen es eher gut ging und die die für sie günstigen Bedingungen in dem Gelände genutzt hatten, um kleine oder mittelständische Industrie- und Handwerksbetriebe aufzubauen.

Dieter Vaupel und seine Schülerinnen und Schüler erarbeiteten einen Forschungsplan für die Projektwoche. Bei den zerstörten und demontierten Gebäuden und Bunker würden sie mit archäologischen Methoden nach sichtbaren oder versteckten Spuren suchen, diese dokumentieren und versuchen zu entschlüsseln, was genau die Nazis dort in Hirschhagen getan hatten. Ihr Plan war es, die noch vorhandenen Ruinen ihre Geschichte erzählen zu lassen. Darüber hinaus würden sie auch mit möglichst vielen dort lebenden Menschen sprechen, um herauszufinden, was sie über die Geschichte von Hirschhagen wussten.

Dieter erkannte, dass das Projekt einen monumentalen Umfang haben würde – so viele Gebäude und Ruinen, die besichtigt werden mussten, so viele Menschen, mit denen man sich unterhalten musste. Er war sich nicht ganz sicher, wie viel sie in nur einer Woche erledigen konnten. Dann, kurz vor der Projektwoche, kam einer der Jugendlichen mit einem wirklich erstaunlichen Dokument, das einem Mitglied seiner Familie gehörte: eine Karte von der Gegend von Hirschhagen aus dem Jahr 1949, die eine riesige Sprengstofffabrik mit fast 400 Gebäuden und einer Eisenbahnlinie detailliert zeigte.

Die Karte gab dem Projekt neuen Schwung und neue Spannung. Die Schülerinnen und Schüler würden nicht länger blind forschen. Sie wussten jetzt, was dort gewesen war und wo genau sich bestimmte Bunker, Hallen und sonstige Anlagen befunden hatten. Nichts konnte sie nun davon abhalten, die Wahrheit ans Licht zu bringen.

Kapitel 3
Ein Abenteuerspielplatz

Ähnlich wie der junge Dieter Vaupel, der zwischen den ausgebombten Ruinen und versteckten unterirdischen Gängen der Burg Spangenberg spielte, hatten einige der Jungen der Projektwochengruppe schon viele Male die zerstörten und verfallenden Relikte im dichten Wald von Hirschhagen erkundet; es war ihr Abenteuerspielplatz und sie kannten die Ruinen ziemlich gut.

Dieter war von der Faszination der Jungs für den Ort nicht überrascht. Hirschhagen fesselte auf eine MAD MAX-dystopische Weise besonders die Teenager. Hirschhagen schleicht sich mit seinen mysteriösen, halb abgerissenen Gebäuden und aschfahlen Mondlandschaften, die wie aus dem Nichts im Wald aufzutauchen scheinen, an die Person heran. Diese Relikte könnten leicht die Vorstellungskraft erweitern – ist dies Shangri-la, ein fiktiver Ort, der da auftaucht mit einem ätherischen, reflektierenden Pool?

Die Schülerinnen und Schüler würden im Verlaufe der Zeit noch lernen, dass dieses verlassene Gebäude nicht etwas war, aus dem Träume gemacht wurden, sondern stattdessen Gebäude Nr. 313 auf ihrer neu gefundenen Karte, das Denitrierungsgebäude. Die Salpeter- und Schwefelsäure aus der Fabrik wurde mittels Denitrierung wiederaufbereitet, wobei das Abfallwasser im Außenbecken gesammelt wurde, als die Produktion in Hirschhagen noch auf Hochtouren lief. Die Flüssigkeit war so ätzend, dass kein Lebewesen, das sich dort hineinwagte, dies überlebt hätte.

Der Hund, dessen Tod 1963 die Behörden zum ersten Mal darauf aufmerksam machte, dass in Hirschhagen etwas nicht stimmte, war in ein anderes Becken nördlich des Denitrierungsgebäudes gefallen. Bis zur Projektwoche 1983 hatte Regenwasser die übelriechende Flüssigkeit in diesem Becken verdünnt, vermutlich befanden sich jedoch noch Reste der Giftstoffe in den zuvor geleerten Tanks. Die meisten dieser Becken wurden bereits 1982 geleert, das letzte 1984.

Auch die verfallenden Betonbauten entlang der verlassenen 35 Kilometer langen Gleisanlagen, die sich durch ganz Hirschhagen zogen, lockten die Jugendlichen besonders an. Dieter konnte den Reiz nachvollziehen, den diese Gebäude auf sie ausübten. An Lande- und Startstationen für außerirdische Raumschiffe erinnernd, muss es sich für die Schülerinnen und Schüler wie in einem STAR WARS-Film angefühlt haben. Ihre Karte des Fabrikgeländes enthüllte die weltlicheren Zwecke: Dies waren Verladerampen, auf denen Waffen in Eisenbahnwaggons geladen wurden, um sie zu den Schlachtfeldern des Krieges zu transportieren.

Ebenfalls verlockend für junge Entdecker war, was ihre Karte als Skelett des Säurekesselhauses enthüllte. Hier hingen einst große gusseiserne Nitrierkessel, in denen die hochgiftige und explosive Pikrinsäure hergestellt wurde.

Diejenigen Jugendlichen, die das Gebiet um das Kesselhaus als ihren Abenteuerspielplatz nutzten, ahnten jedoch nicht, dass das Gebiet stark kontaminiert war. Die Behörden wussten es bereits, aber dies wurde erst Mitte der 1980er-Jahre öffentlich. Den Bereich, in dem das Kesselhaus und auch die anderen Gebäude standen, in denen giftige Substanzen gekocht wurden, sanierte man dann in den 1990er-Jahren.

Viele andere kontaminierte Abschnitte waren bei den jungen Leuten beliebt, dazu gehörte auch die weiß getünchte Mondlandschaft, die im Wald von Hirschhagen zu finden war. Diese Schleifschlammhalde überdeckte das Gebiet, auf dem bis Kriegsende Reste aus der Produktion und brennbare Abfälle gelagert worden waren. Nach dem Krieg wurden diese Industrieabfälle mit dem Schlamm und anderen Resten einer dort ansässigen Firma aus der Kunstmarmorproduktion überdeckt.

***

Dieter Vaupel konnte verstehen, warum seine Schülerinnen und Schüler von solch monumentalen Ruinen und Landschaften fasziniert waren. Schwerer zu fassen war die Anziehungskraft von einem anderen «Spielplatz» auf dem Gelände von Hirschhagen. Im westlichen Teil von Hirschhagen, abseits des Industriegebiets, befand sich eine Discothek, die den Namen «Relax» trug. Ein Club, in den junge Leute gingen, um sich gemeinsam miteinander zu vergnügen und zu tanzen.

10 Denitrierung, Gebäude 313 mit Abwasserbecken im Vordergrund
(Foto: Christel Bukowski)

11 Giftiger Schlamm wird aus einem Klärbecken im Jahr 1984 entsorgt
(Foto: Wolfram König / Ulrich Schneider)

12 Eine der Verladerampen an der Bahnlinie auf dem Gelände der Sprengstofffabrik *(Foto: Christel Bukowski)*

13 Gerippe eines ehemaligen Kesselhauses *(Foto: Dieter Vaupel)*

14 Die Schleifschlammhalde *(Foto: Dieter Vaupel)*

15 Diskothek Relax in einem ehemaligen Fertigmachungsgebäude *(Foto: Wolfram König / Ulrich Schneider)*

In einem der auf dem Hirschhagener Gelände verstreuten Fertigmachungsgebäude untergebracht, gehörte der von Relax genutzte Betonbunker zur Gruppe der Pressengebäude. In den Pressengebäuden wurden Zünder für Gewehrmunition hergestellt. Dazu wurde das im Werk hergestellte getrocknete Granulat in Aluminiumhülsen gefüllt und anschließend unter hohem Druck gepresst. In den Fertigmachungsgebäuden wurden die Hülsen überprüft, verpackt und zum Versand vorbereitet. Die meisten der aus Betonstahl gebauten und nach 1945 im Zuge der Demilitarisierung teilweise gesprengten Produktionsbunker waren dem Verfall preisgegeben. Das von der Diskothek Relax genutzte Gebäude war mit einem neuen Satteldach saniert worden und stach aus der heruntergekommenen Umgebung hervor.

Im Jahr 1983 war die Discothek bereits seit einigen Jahren in Betrieb. Viele der Schüler von Dieter Vaupel, ob Jungen oder Mädchen, gingen regelmäßig dort ein und aus. Für Jugendliche aus Hessisch Lichtenau könnte nichts normaler sein als dies zu tun. Was Dieter überraschte, war, dass es niemanden zu interessieren schien, was dort einmal passiert war.

Dies sollte sich im Laufe der Projektwoche ändern.

Kapitel 4
Die Exkursion

Am ersten Tag der Projektwoche freuten sich Dieter Vaupel und seine Projektgruppe auf eine Tour durch Hirschhagen. Obwohl sie im Stadtarchiv von Hessisch Lichtenau keinerlei Dokumente oder schriftlichen Aufzeichnungen über die Fabrik entdecken konnten und bisher auch keine Zeitzeugen gefunden hatten, die sie befragen konnten, waren sie immer noch voller Tatendrang und bereit dazu, die NS-Geschichte aufzudecken. Sie wussten zumindest durch den Fund der Karte, dass in dem Gebiet von Hirschhagen eine Sprengstofffabrik gewesen war, und sie hatten eine allgemeine Vorstellung davon, wofür die einzelnen Gebäude verwendet worden waren. Ihr Plan hatte für den ersten Tag zwei Ziele: eine erste Erkundung, um sich einen Überblick zu verschaffen, und Gespräche mit einigen der dort lebenden und arbeitenden Menschen zu führen.

Die Jugendlichen freuten sich über die Gelegenheit, einige der gesprengten Gebäude zu erkunden, und ihr Lehrer Dieter Vaupel versprach ihnen, dass sie die Möglichkeit bekommen würden, genauer hinzuschauen. Sie wollten das Gelände zu Fuß besichtigen und dabei mussten sie fast 10 Kilometer zurücklegen, um zumindest etwa ein Drittel des 350 Hektar großen Geländes kennenzulernen.

Ihre Exkursion begann am Ortseingang von Hirschhagen, am ehemaligen Verwaltungsgebäude und führte sie direkt am alten Wachhaus vorbei.

Dieter und die Jugendlichen ahnten nicht, dass sie dabei waren, ein Areal zu besichtigen, das nicht nur Standort einer der größten Rüstungsfabriken des

16 Eingangsbereich zur ehemaligen Sprengstoffabrik. Rechts das frühere Verwaltungsgebäude, links das Wachhäuschen *(Foto: Dieter Vaupel)*

17 Wachhäuschen, im Hintergrund das Verwaltungsgebäude *(Foto: Dieter Vaupel)*

18 Verlassener Eisenbahnwaggon auf den Gleisen vor den Verladegebäuden Nr. 480 und 481 *(Foto: Christel Bukowski)*

19 Schülerinnen und Schüler erkunden das Gelände an der Verladerampe *(Foto: Dieter Vaupel)*

Deutschen Reiches, sondern während des Zweiten Weltkriegs eine der größten Sprengstofffabriken in ganz Europa war. So wussten sie zu diesem Zeitpunkt noch nicht, dass mit dem Bau der Fabrik 1936 begonnen wurde. Sie hatten auch keine Ahnung davon, dass der Betrieb im Juni 1938 aufgenommen wurde. Und diese Gruppe von Schülerinnen und Schülern mit ihrem Lehrer von der örtlichen Gesamtschule hätte nie gedacht, dass sie diejenigen sein würden, die verantwortlich dafür werden, eines der dunkelsten verborgenen Kapitel der deutschen Geschichte aus der Vergessenheit zu reißen.

Als Erstes untersuchten sie eine der Verladerampen einschließlich des dazugehörigen Verladegebäudes. Dieter und seine Projektgruppe vermuteten zu Recht, dass hier Bomben, Munition, Granaten und Ähnliches verladen und mit dem Zug zu den Kriegsschauplätzen transportiert worden waren. In der Nähe dieses Gebäudes stand einer der verlassenen Eisenbahnwaggons, die auf dem Gelände üblich waren. Die Gruppe fragte sich nicht nur, was hierher und von hier transportiert wurde, sondern auch, wer wohl möglicherweise in diesem Eisenbahnwaggon zur Arbeit hierher transportiert worden war. In Deutschland war man sich in den 1980er-Jahren bewusst, dass Sklavenarbeit und Ausbeutung der Menschen während der Nazizeit Teil der Kriegspolitik gewesen waren. Was die Schülerinnen und Schüler nicht wussten, war die Nähe zum eigenen Wohnort. Klar war ihnen auch nicht, welche Kenntnis die Menschen in Hessisch Lichtenau darüber hatten.

Die nächste Station war ein Gebiet, das auf der Karte als «Füllstation Ost» gekennzeichnet war und in dem sich nun Industriebetriebe angesiedelt hatten. Die Gebäude, die sie sahen, waren Teil eines Komplexes, in dem Bomben, Granaten und Minen mit TNT gefüllt worden sind. Weitere Recherchen würden später noch ergeben, dass die Füllstation Ost das Produktionszentrum der Fabrik gewesen war und als der gefährlichste und gesundheitsschädlichste Ort auf dem gesamten Gelände bezeichnet werden muss. Sie fanden auch heraus, dass sein Gegenstück, die Füllstation West, während des Krieges explodiert war und dabei 70 Menschen getötet wurden.

Als die Schülerinnen und Schüler die Füllstation Ost erreichten, stellten sie überrascht fest, dass dort jetzt eine Maschinenfabrik untergebracht war, eine Firma, die Ventilatoren herstellte.

Vom Gewerbegebiet aus wagten sich Dieter Vaupel und die Jugendlichen in den Wald, vorbei an eingezäunten Bereichen. Dort war eigentlich der Zutritt verboten. Aber, da sie das Gelände ja erkunden wollten, ließen sie sich nicht davon abhalten, allerdings achtete Dieter darauf, dass sie sich hier besonders vorsichtig bewegten.

Sie stießen im Wald auf eine Vielzahl von Rohren und Metallkonstruktionen. Große Betonstahlständer, die zu einem oberirdischen Leitungssystem gehör-

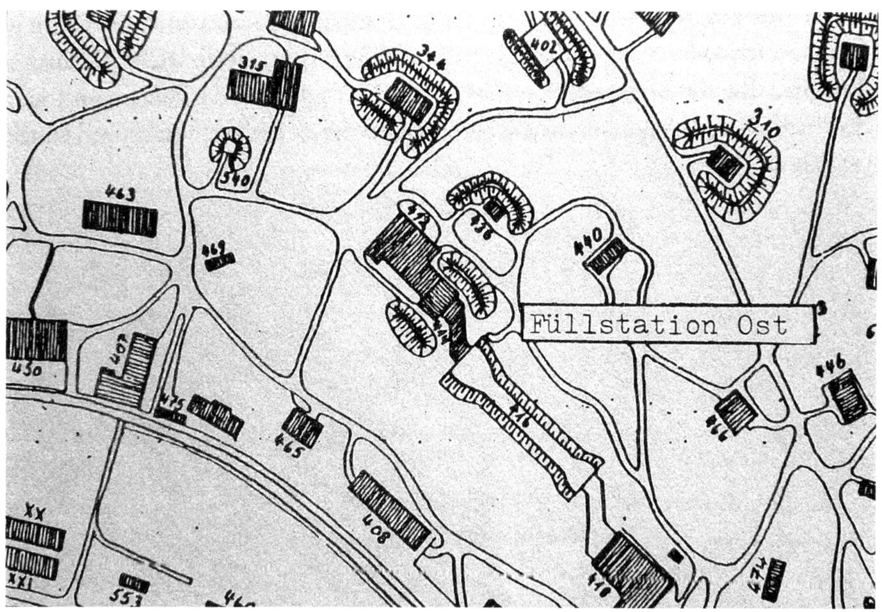

20 Kartenausschnitt der Füllstation Ost *(Wolfram König / Ulrich Schneider)*

21 Ein Gebäude der Füllstation Ost, genutzt von einem Industriebetrieb *(Foto: Dieter Vaupel)*

ten. In den Leitungen wurden flüssige Zwischen- und Endprodukte von einem Gebäude zum anderen gepumpt. An einigen der Rohre waren noch Fragmente der schweren Isolierung zu sehen. Die Rohre wurden isoliert und beheizt, weil die Flüssigkeiten eine kontrollierte Temperatur haben mussten, um nicht außer Kontrolle zu geraten. Die erste Vermutung der Jugendlichen zu den freigelegten Rohren erwies sich als richtig: Die Leitungen wurden oberirdisch verlegt, damit im Falle einer Explosion der Schaden sofort sichtbar war und die Leitungen schnell repariert werden konnten, um die Produktion aufrechtzuerhalten.

Als sie durch den Wald wanderten, stießen sie auf ein verlassenes Gebäude, das laut Karte das Gebäude Nr. 576 war, ein ehemaliges Toilettenhaus. Sie waren erstaunt darüber, dass jemand es tatsächlich in ein Wohnhaus umgewandelt hatte, aber zu diesem Zeitpunkt war niemand da.

Im Wald kamen sie an einigen ehemaligen Bunkern vorbei, die ebenfalls zu Wohnhäusern umgebaut worden waren. Es waren Gebäude, die zum Beispiel als Lager für Rohlinge dienten, in denen Vorarbeiten durchgeführt wurden, in denen verschiedene Materialien gelagert wurden, die im Produktionsprozess Verwendung fanden, oder in denen die fertigen Sprengkörper verpackt wurden. Einige Bunker waren so gründlich umgestaltet worden, dass ihr früherer Zweck nicht mehr zu erkennen war.

Dieter und die Schüler fragten sich, wie es sein kann, dass Menschen in diesen Gebäuden leben. Sie mussten doch ihre Geschichte kennen, und jetzt wussten sie ja auch, dass es Gift im Boden und im Wasser gibt. Vielleicht, so dachten die Jugendlichen, war es eine Frage des Preises. Die Gebäude müssen damals sehr günstig, ja fast frei verfügbar gewesen sein, sodass die Bewohner nur die Umbau- und Renovierungskosten zu tragen hatten.

Die Schülergruppe hatte gehofft, die Bewohner auf dem Gelände während ihrer Exkursion interviewen zu können, stellte jedoch fest, dass niemand mit ihnen sprechen wollte. Dieter Vaupel war nicht überrascht, wenn man bedenkt, dass viele in dieser sehr abgelegenen Gegend schon lange lebten, einige von ihnen bereits 30 Jahre lang. In den kommenden Jahren würden jedoch die meisten Einwohner von Hirschhagen Dieters Ermittlungen aufmerksam verfolgen und seine Arbeit sehr kritisch sehen. Dies änderte sich erst eine Generation später, erst die Nachkommen der dort lebenden Menschen waren offener für die Realitäten von Hirschhagen.

Etwa 40 Pressengebäude standen in verschiedenen Teilen der Fabrik, in zwei Gruppen im östlichen und im westlichen Teil. Das den Jugendlichen bekannteste Gebäude beherbergte nun die Discothek Relax. Dieter und die Gruppe beschlossen, eines der frei zugänglichen verlassenen Gebäude im westlichen Teil, Gebäude Nr. 367, genauer zu untersuchen.

22 Betonsäulen, an denen das oberirdische Leitungssystem befestigt war *(Foto: Dieter Vaupel)*

23 Schülerinnen betrachten die Betonsäulen *(Foto: Dieter Vaupel)*

24 Verbotsschild auf dem Fabrikgelände *(Foto: Dieter Vaupel)*

25 Schüler betrachten die Karte vor einem ehemaligen Toilettenhäuschen
(Foto: Dieter Vaupel)

26 Pressengebäude, das von den Jugendlichen erkundet wurde
(Foto: Christel Bukowski)

27 Schülerinnen und Schüler erkunden das Pressengebäude *(Foto: Dieter Vaupel)*

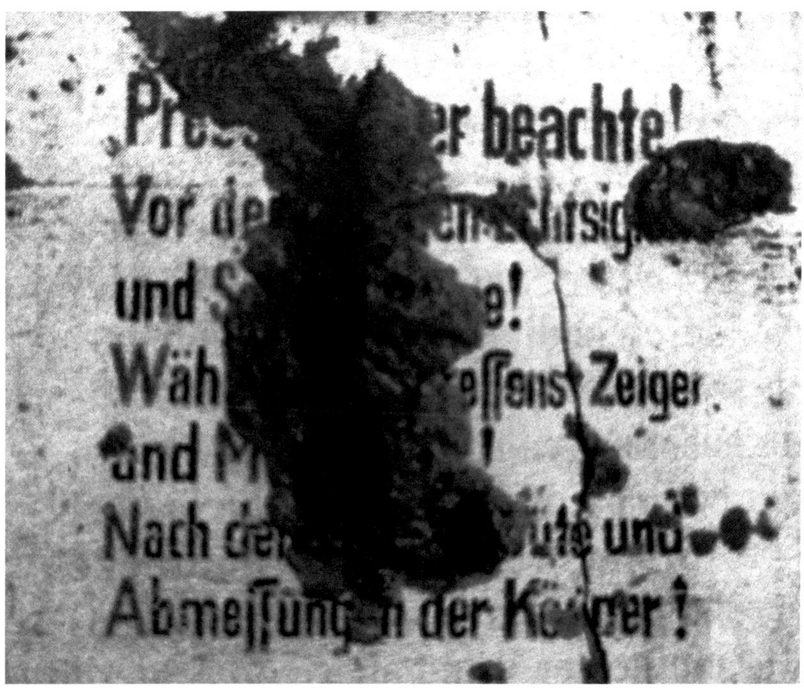

28 Spuren der Vergangenheit: Anweisung an den Pressenführer *(Foto: Dieter Vaupel)*

Sie betraten das unverschlossene Gebäude. Dieter Vaupel fragte, wie sie etwas über die früher dort geleistete Arbeit erfahren könnten. Einen Hinweis hatten sie bereits, da auf der Karte als funktionaler Name des Gebäudes «Pressegebäude» eingezeichnet war.

Die Schülerinnen und Schüler versuchten, den Grundriss zu rekonstruieren, als sie neben einer Öffnung in der Wand folgende Inschrift entdeckten: «Pressenführer beachte! Vor dem Pressen Lichtsignal und Schranke! Während des Pressens Zeiger und Manometer! Nach dem Pressen Güte und Abmessungen der Körper!»

Dies gab den Jugendlichen einen Eindruck davon, was in dem Gebäude getan worden war. Weitere Spuren wurden entdeckt: Anschlüsse für Maschinen, ein teilweise zerstörtes Rohrleitungsnetz und schließlich eine weitere Inschrift neben einer Wasserleitung «Gesundheitsschädlich! Kein Trinkwasser», einschließlich des gleichen Textes auf Französisch. Das war der erste Hinweis darauf, dass hier nicht nur Deutsche gearbeitet hatten.

Dieter und seine Projektgruppe verließen Hirschhagen am ersten Tag und waren zufrieden, dass ihr Besuch produktiv war. Für den nächsten Tag hatte Dieter Vaupel jemanden gefunden, der als Widerstandskämpfer von den Nazis im KZ Buchenwald inhaftiert worden war. Dieser Mann hatte während des Krieges einige Informationen über Hirschhagen bekommen und war bereit, nach Hessisch Lichtenau zu kommen, um mit den jungen Leuten zu sprechen. Was er sagen würde, würde sie sprachlos machen.

Kapitel 5
Erster Zeitzeuge

Von Max Mayr erfuhr Dieter Vaupel erstmals durch einen Lehrerkollegen, der über den 86-Jährigen einen Bericht in der Kasseler Lokalzeitung gelesen hatte. Mayr war ein ehemaliger politischer Gefangener, der von der Gestapo wegen seiner Gegnerschaft zu den Nationalsozialisten verhaftet und gefoltert worden war. Im Jahr 1936 wurde Max vor Gericht gestellt, zu einer Gefängnisstrafe verurteilt und anschließend in das Konzentrationslager Buchenwald gebracht. Da Max bereits in Kasseler Schulen über sein Schicksal gesprochen hatte, dachte Dieter, er könne seinen Schülerinnen und Schülern eine willkommene Perspektive aus erster Hand vermitteln – obwohl er nicht wusste, ob Max Mayr etwas über die Ereignisse in Hessisch Lichtenau berichten könnte.

Die Gruppe der Projektwoche bestand aus sechs Mädchen und neun Jungen, hauptsächlich aus der Sekundarstufe II im Alter zwischen 15 und 18 Jahren, einige wenige besuchten noch die Sekundarstufe I. Nach der Exkursion nach Hirschhagen hatte Dieter Vaupel ein besseres Verständnis dafür, wie viel sie über die NS-Zeit wussten und was sie über Deutschland unter den Nazis dachten. Über die Geschichte in ihrer Region hatten sie zu diesem Zeitpunkt bestenfalls ein bruchstückhaftes Wissen.

Dieter Vaupel hatte auch etwas darüber erfahren, warum sie sich gerade dieser Projektgruppe angeschlossen hatten, Gründe, die sich stark zwischen Jungen und Mädchen unterschieden. Für die Jungs schien das Thema interessant zu sein, nicht nur weil viele von ihnen auf dem Werksgelände in Hirschhagen erkundend und spielend aufgewachsen sind, sondern auch, weil das Thema geheimnisvoll und spannend schien, denn darüber zu sprechen, war in Lichtenau noch immer streng tabu. Damals war den Menschen in Deutschland bewusst, dass an Orten wie Auschwitz und anderen während der Zeit des Nationalsozialismus Schreckliches passiert war. Dies wurde auch in Politik, Schule und Gesellschaft aufgearbeitet. Aber was vor der eigenen Haustür passiert war, und die Tatsache, dass so viel Schlimmes passiert ist, nur weil viele mitgemacht hatten, davon wollte man nichts wissen. Es blieb unausgesprochen und sollte nach dem Wunsch vieler in der Vergangenheit begraben bleiben.

Einige der Jungen, die Hirschhagen bereits erkundet hatten, hatten auch die eine oder andere geheimnisvolle Geschichte über den Ort gehört. Es gab Geschichten von Körpern, die bei einer Explosion in die Luft geflogen sein sollen, und man sprach oft nicht von einer Sprengstoff- sondern von einer Schokoladenfabrik. Die Jungen wollten mehr darüber wissen.

Die Mädchen hatten ganz andere Interessen an dem Thema. Wie die Jungen hatten sie bereits im Unterricht einiges über die Schrecken der Nazizeit in Deutschland gelernt, und wie die Jungs hatten sie auch erfahren müssen, dass es schwierig war, zu Hause darüber zu sprechen. Ihre Eltern und Großeltern wollten nicht darüber reden. Allerdings hatten die Mädchen in der Projektgruppe eine andere Motivation: Sie wollten erfahren, was die Menschen in Hessisch Lichtenau von den Schrecken des NS-Regimes wussten und welche Rolle sie dabei gespielt hatten.

Was auch immer die Gründe für die Teilnahme an der Projektwochengruppe waren, Dieter Vaupel wurde schnell bewusst, dass alle Schülerinnen und Schüler von zu Hause aus eine Anspannung verspürten, und es für sie nicht nur einfach irgendein Thema war, an dem sie arbeiteten. Doch nur ein Junge hatte Eltern, die ihn zum Ausstieg zwangen, weil ihnen das alles als zu gefährlich erschien. Alle übrigen blieben – teilweise trotz Bedenken ihrer Eltern – in der Projektgruppe.

***

Am zweiten Tag der Projektwoche besuchte Max Mayr die Schülerinnen und Schüler der Freiherr-vom-Stein-Schule in Hessisch Lichtenau. Max stammte aus Kassel, der Bezirkshauptstadt etwa 30 Kilometer von Hessisch Lichtenau entfernt. Kassel war auch das Zentrum der staatlich geförderten Tourismusinitiative «Märchenstraße». In Kassel lebten und arbeiteten ehemals die Gebrüder Grimm, die die Geschichten von Aschenputtel, Dornröschen, Schneewittchen, Rotkäppchen, Frau Holle und viele andere sammelten und niederschrieben.

29 Max Mayr in den 1980er-Jahren in seinem häuslichen Arbeitszimmer *(Foto aus: Kammler/Krause-Vilmar)*

30 Max Mayr in Buchenwald, gezeichnet von einem Mitgefangen *(Foto aus: Kammler/Krause-Vilmar)*

Kassel war auch bekannt als eine der deutschen Städte, die schwer vom Zweiten Weltkrieg betroffen war. Die Stadt war die Heimat großer Fabriken für Flugzeuge, schwere Panzer, Lokomotiven und Motoren. Dadurch war sie ein Hauptziel strategischer Bombenangriffe der Alliierten. Die bombardierte Stadt brannte nach einem Angriff sieben Tage lang, Zehntausende wurden getötet. Kassels Einwohnerzahl war von 236.000 im Jahr 1939 bis Kriegsende auf 50.000 geschrumpft.

Was Dieter Vaupel an Max Mayr zunächst beeindruckte, war, wie der 86-Jährige, obwohl gebrechlich, immer noch eine souveräne Präsenz zeigte und einen sicheren Überblick über die von ihm berichteten Fakten hatte. Die Schülerinnen und Schüler hingen die ganze Zeit während seines Vortrages gespannt an seinen Lippen und waren voll auf das konzentriert, was er zu berichten hatte.

Als Sohn eines Webers, der eine Ausbildung zum Maschinenschlosser absolvierte, wurde Max eingezogen und diente als Soldat im Ersten Weltkrieg. Als erbitterter Kriegsgegner kehrte er 1918 nach Hause zurück, trat der Kommunistischen Partei (KPD) und später der Internationaler Sozialistischer Kampfbund (ISK) bei. Nach seiner Rückkehr aus dem Krieg arbeitete er als Dreher bei der Rüstungsfirma Henschel in Kassel, bis er von 1932 bis 1933 als Redakteur einer sozialistischen Zeitschrift nach Berlin zog.

Nach der Machtübernahme der Nazis kehrte Max nach Kassel und in die Firma Henschel zurück, arbeitete tagsüber in der Rüstungsproduktion und nachts bei einer illegalen politischen Widerstandsgruppe. Unglücklicherweise wurde die Widerstandsgruppe von einem Gestapo-Agenten entlarvt. Max wurde verhaftet und gefoltert, vor ein Gericht in Kassel gestellt und zu zweieinhalb Jahren Haft in einem Gefängnis in Kassel-Wehlheiden verurteilt. 1938 kam er von dort ins KZ Buchenwald, wo er Zwangsarbeit leisten musste. Nach zwei Jahren gelang es ihm, dass er dem Lagerschreiberbüro zugewiesen wurde, wo er bis zur Befreiung 1945 bleiben sollte. Während seiner Zeit in Buchenwald war Max Teil des illegalen Lagerwiderstands.

Max erzählte den Schülerinnen und Schülern, dass die Arbeit als Lagerschreiber ihm die Möglichkeit bot, seine Mitgefangenen zu unterstützen. «Durch diese Arbeit konnte ich für einige Lagerinsassen erreichen, dass sie angehört wurden und manche vor Misshandlungen schützen. Vielen konnte ich auch durch meine Position dabei helfen, eine bessere Arbeitsstelle zu bekommen, an der sie etwas leichtere Arbeitsbedingungen hatten. Oder ich konnte verhindern, dass sie einem Transport zugewiesen wurden. Einzelnen konnte ich auch eine Arbeit in der Küche vermitteln, wodurch sich dann ihre katastrophale Ernährungslage besserte.»

Dann sprach Max über Hessisch Lichtenau und die Munitionsfabrik in Hirschhagen. Er sagte den Jugendlichen, er habe diese Informationen aus seiner Tätigkeit in Buchenwald und auch aus seiner Arbeit nach dem Krieg. Max war Gründungsmitglied des Verbandes der Verfolgten des NS-Systems und hat nach dem Krieg für die Kasseler Wiedergutmachungsbehörde gearbeitet.

Er erzählte den Schülerinnen und Schülern, dass in der Sprengstofffabrik in Hirschhagen Tausende von Menschen aus vielen verschiedenen Ländern zur Arbeit gezwungen wurden. Menschen aus Polen, Frankreich, Niederlande, Belgien, der Sowjetunion, Italien, Bulgarien, Jugoslawien, Rumänien, Spanien, der Tschechoslowakei und Ungarn.

Es sei ein äußerst gefährlicher Arbeitsplatz gewesen, sagte er, viele seien bei mehreren großen Explosionen ums Leben gekommen. Max wusste damals von 150 Toten. Im Verlauf der weiteren Forschungen in den folgenden Jahren gab es neue Erkenntnisse, die nachwiesen, dass es sogar fast 180 waren. Diese Zahlen enthielten jedoch nicht die Opfer von Arbeitsunfällen und diejenigen, die durch langsame Vergiftung oder aufgrund der miserablen Arbeitsbedingungen starben.

Im Sommer 1944 waren in Hirschhagen 4.400 Produktionsarbeiter beschäftigt, darunter 2.300 Frauen. Etwa die Hälfte dieser Arbeiter waren ausländische Zwangsarbeiter. Hinzu kamen 2.000 Bauarbeiter und etwa 800 Angehörige des Reichsarbeitsdienstes (RAD).

Der RAD, der 1934 von den Nazis gegründete nationale Arbeitsdienst, verpflichtete junge Männer im Alter zwischen 18 und 25 Jahren zum Dienst. Zunächst wurden alle jungen Männer für sechs Monate zum RAD eingezogen, bevor sie zwei Jahre beim Militär dienen mussten. Während des Zweiten Weltkriegs wurde der RAD-Dienst verkürzt, da die jungen Leute in der Armee benötigt wurden. In der Zeit des Zweiten Weltkrieges wurde für junge Frauen ein einjähriger RAD-Dienst obligatorisch. In Hessisch Lichtenau waren viele junge Frauen, die zu diesem Dienstjahr verpflichtet waren, in der Produktion der Sprengstofffabrik eingesetzt.

Im August 1944 stieg die Gesamtzahl der Arbeiter am Standort um tausend Arbeiterinnen auf über 8.000 an. Ungarische jüdische Frauen und Mädchen wurden aus dem Konzentrationslager Auschwitz zu den gefährlichsten Arbeiten in die Munitionsfabrik in Hirschhagen geschickt.

Als Max über die jüdischen Frauen und Mädchen sprach, die aus Auschwitz nach Hessisch Lichtenau geschickt worden waren, konnte Dieter Vaupel den Unglauben in den Gesichtern der Schülerinnen und Schüler sehen. Vielleicht sah Max Mayr es auch, aber er fuhr unbeeindruckt fort. Er beendete seine Erzählung und forderte die Jugendlichen nun auf, ihre Fragen zu stellen.

Natürlich wollten die Jugendlichen wissen, woher ihm bekannt war, dass angeblich KZ-Häftlinge nach Hessisch Lichtenau geschickt wurden. Max erklärte, dass er in seiner Funktion als Lagerschreiber in Buchenwald aus erster Hand

Fl/3 6/7

Abschrift.

G. C. C. 2/71/k

....sche Abteilung

Weimar-Buchenwald 25. Nov. 1944.

Nummernverteilung bei den weiblichen Aussenkommandos.

I.

83

...kommando	Soll	Ist.	Kommandostärke Zugänge	Iststärke
1. Hasag-Leipzig	1-10.000	1 - 4.987	5.139	4.574
2. Wolfen	10.001 - 11.000	10.001 - 10.425	428	422
3. Gelsenkirchen (jetzt Sömmerda)	11.001 - 15.000	11.001 - 12.992	1.592	1.231 in Sömmerda
4. Schlieben	15.001 - 20.000	15.001 - 15.147	148	147
5. Hess. Lichtenau	20.001 - 23.000	20.001 - 21.003	1.003	792
6. Allendorf	23.001 - 25.000	23.001 - 24.000	1.000	994
7. Lippstadt	25.001 - 27.000	25.001 - 25.832	532	931
8. HASAG-Altenburg	27.001 - 30.000	27.001 - 30.000 31.021 - 31.052 36.768 - 37.267	3.531	2.632
9. Wasag-Elsnig	30.001 - 32.000	38.167 - 38.916	750	750
10. HASAG-Meuselwitz	32.001 - 36.000	34.268 - 35.767	1.500	1.498
11. HASAG-Taucha	36.001 - 38.000	500 Nr. zwischen 27.001 - 29.000 von Altenburg 31.552 - 31.852 33.970 - 34.269 35.968 - 36.367 39.229 - 39.233	1.510	1.266
12. Polte-Magdeburg	38.001 - 42.000	32.001 - 33.865 38.929 - 39.228 noch ca. 600 ohne Buchenw.Nrn.	2.730	2.676
13. Polte-Duderstadt	42.001 - 45.000	42.001 - 42.750	750	748
14. ATG-Leipzig	45.001 - 46.000	31.053 - 31.552	500	500
15. Torgau	46.001 - 47.000	37.668 - 37.675 39.234 - 39.433	258	254
17. Mühlhausen	48.001 - 49.000	37.676 - 38.925 30.021 - 30.520 u. 5 Nrn mit 23.000 von Allendorf	705	701
16. Neustadt	47.001 - 48.000	36.368 - 36.766 38.926 - 38.928	403	403

31 Liste mit den Außenkommandos von Buchenwald, darunter Hessisch Lichtenau, die Max Mayr den Schülerinnen und Schülern bei seinem Besuch präsentierte *(Archiv Buchenwald)*

über die aus Auschwitz verschickten ungarischen Jüdinnen Bescheid wusste, da das Arbeitslager in Hessisch Lichtenau ein Außenposten von Buchenwald war.

Max durchwühlte die Papiere, die er mitgebracht hatte. Er hielt eine Liste mit Außenkommandos für das KZ Buchenwald vom 25. November 1944 hoch. Als Außenkommandos bezeichnete man die zu einem Konzentrationslager gehörenden Lager an anderen Orten, in denen in der Regel Zwangsarbeiter untergebracht waren.

Auf der Liste, die Max Mayr mitgebracht hatte, waren 16 Außenkommandos verzeichnet. Eines von ihnen war Hessisch Lichtenau, 1.003 Frauen wurden dort als «Zugänge» aufgeführt und die «tatsächliche Stärke» am 15. November 1944, zum Zeitpunkt als die Liste aufgestellt worden war, mit 792 Frauen angegeben.

Max erklärte den Schülerinnen und Schülern, warum es eine solche Diskrepanz zwischen der Zahl der aus Auschwitz geschickten Frauen und Mädchen gab, die als Zugänge und tatsächliche Stärke in der Liste auftauchten. Es waren mehr als 200 Frauen.

Nach drei Monaten fragte der Kommandant ihres Arbeitslagers, wer von den Frauen und Mädchen aufgrund ihres körperlichen Zustandes gerne an einen Arbeitsplatz kommen würde, an dem es leichtere Arbeit gebe. Einige der Frauen und Mädchen hoben daraufhin ihre Hände. Diese Freiwilligen wurden zusammen mit denen auf der Krankenstation, insgesamt 206 Frauen und Mädchen, auf Viehwaggons verladen und zurückgeschickt nach Auschwitz. Bei ihrer Ankunft wurden sie dort sofort vergast.

Als die tausend jüdischen Frauen und Mädchen aus Auschwitz in Hessisch Lichtenau angekommen waren, wurden sie dort in das Lager Vereinshaus gebracht, ein Lager am Rande der Stadt zwischen Hopfelder Straße und Heinrich Straße. Ursprünglich für 700 Bauarbeiter gebaut, wurde ein Teil des Lagers Vereinshaus abgetrennt und mit Stacheldraht eingezäunt, um die Frauen unterzubringen. Um die Fabrik gruppierten sich viele andere Lager, die zur Unterbringung der Arbeiter dienten, und Max kannte ihre Namen: Lager Friedrichsbrück, Lager Herzog, Lager Lenoir, Lager Teichhof, Lager Föhren, Lager Esche und Lager Steinbach. Einige hatten dauerhafte feste Gebäude, andere waren provisorische Baracken, und in jedes brachte man Menschen aus anderen Nationen.

So hatte das Lager Waldhof Gebäude für bis zu 1500 Personen. Es beherbergte zunächst nur deutsche, später aber auch französische Zwangsarbeiterinnen.

Auch das Lager Herzog hatte feste Gebäude für bis zu 1200 Personen, die bis 1942 nur deutsche Arbeiter, dann hauptsächlich Holländer und Franzosen beherbergten. In den Gebäuden des Lagers Lenoirstift waren ausschließlich deutsche Arbeiterinnen untergebracht.

32 Lager Waldhof in den 1940er-Jahren *(Privatarchiv Dieter Vaupel)*

33 Postkarte vom Lager Teichhof aus den 1950er-Jahren *(Privatarchiv Dieter Vaupel)*

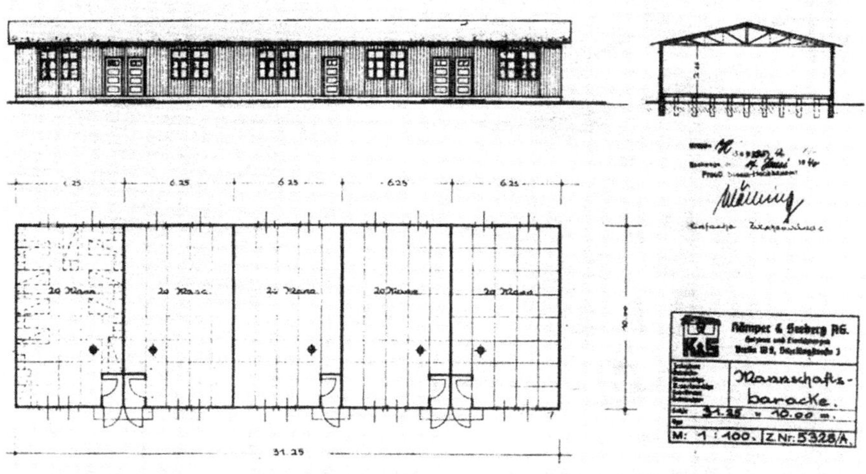

34 Bauzeichnung des Lagers Vereinshaus *(Privatarchiv Dieter Vaupel)*

35 Arbeiterinnen und Arbeiter der Pferdeschlachterei vor einer Baracke des Lagers Vereinshaus in den frühen 1950er-Jahren *(Privatarchiv Dieter Vaupel)*

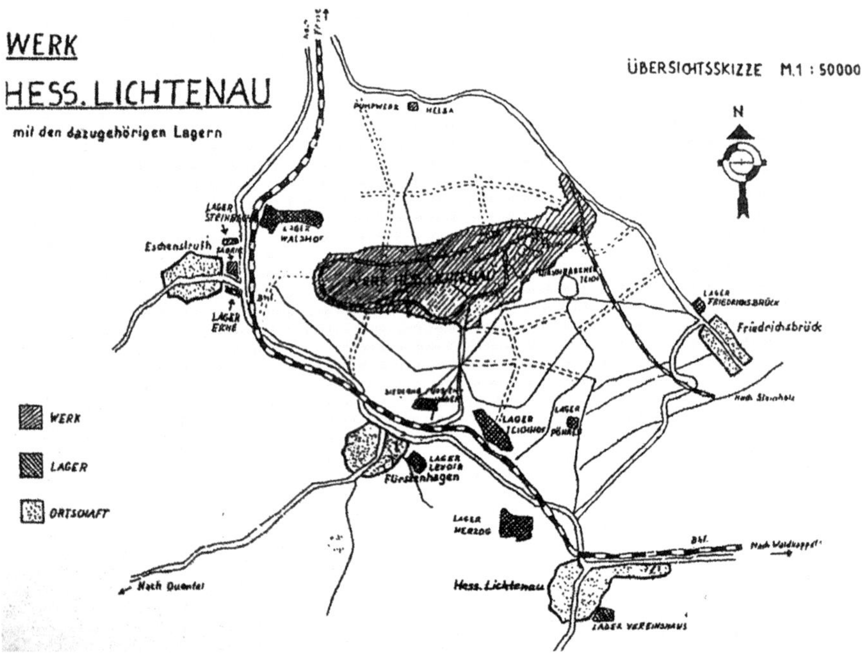

36 Karte der Arbeitslager, die zur Sprengstoffabrik Hessisch Lichtenau gehörten *(Privatarchiv Dieter Vaupel)*

Im Lager Teichhof befanden sich Holzbaracken, in denen 1.000 deutsche Angestellte und RAD-Mitarbeiter untergebracht waren. Das Lager Friedrichsbrück war ein provisorisches Lager für bis zu 350 Bauarbeiter.

Die Baracken des Lagers Föhren wurden 1939 von deutschen Arbeitern, später von ausländischen Arbeitern bewohnt. Ab 1943 lebten dort 300 bis 400 Zwangsarbeiterinnen aus der Ukraine, darunter 10- bis 12-jährige Mädchen.

Die Holzbaracken des Lagers Esche und Steinbach konnten bis zu 1.000 Personen aufnehmen. Das waren zunächst Bauarbeiter, später Frauen und Mädchen aus der Ukraine und sowjetische Kriegsgefangene.

Max Mayr hatte keine Fotos von den Arbeiterlagern, um sie den Jugendlichen zu zeigen, aber Dieter Vaupel fand bei seinen späteren Recherchen schließlich einige, darunter Bauzeichnungen einiger Lager.

Nach dem Krieg wurden die Lagergebäude für verschiedene Zwecke weiterhin genutzt. So wurde eine Baracke im Lager Vereinshaus, in der die Frauen und Mädchen aus Auschwitz untergebracht worden waren, zu einer Pferdeschlachterei.

Wussten die Menschen in Hessisch Lichtenau, dass Frauen und Mädchen aus Auschwitz in der Fabrik arbeiteten? So fragten die Schülerinnen und Schüler weiter. Natürlich, behauptete Max. Auf dem Weg zur Sprengstofffabrik oder zum Bahnhof marschierten die Frauen durch Hessisch Lichtenau, vorbei an den Bürgerinnen und Bürgern und ihren Häusern. Außerdem arbeiteten viele der Stadtbewohner in der Fabrik oder in den Lagern. Natürlich wussten es alle.

Max Mayr begegnete an diesem Punkt erstauntes Schweigen. Die Klasse hatte keine Fragen mehr. Dieter Vaupel bedankte sich für sein Kommen und verließ den nun stillen Klassenraum.

***

Nicht lange nach dem Auftritt von Max Mayr im Klassenzimmer kam einer der Jungen aus der Projektwochengruppe mit einer Karte der Lager, in denen die Arbeiter untergebracht waren, die er angeblich von einem Freund bekommen hatte.

Kapitel 6
Die Schokoladenfabrik

Ermutigt durch die Aussage von Max Mayr wandten sich die Schülerinnen und Schüler der Projektwochengruppe an Familie, Freunde und Nachbarn in Hessisch Lichtenau, um herauszufinden, was sie über die Fabrik und die Zwangsarbeiter wissen könnten. Die Jugendlichen vereinbarten kurzfristig Interviews mit zwei mutigen Einwohnern von Hessisch Lichtenau, die bereit waren, das Tabu zu brechen und über die NS-Zeit zu sprechen, Heinrich Kleinschmidt und Berta Schröder. Sechs weitere Stadtbewohner waren einverstanden, anonym interviewt zu werden.

Heinrich Kleinschmidt war vielen Schülerinnen und Schülern bereits bekannt, da er direkt gegenüber der Freiherr-vom-Stein-Schule wohnte, wo er ein Elektrogeschäft und einen kleinen Fahrradladen betrieb. Er erklärte sich bereit, das Klassenzimmer zu besuchen, um seine Geschichte zu erzählen und ihnen außerdem einen schriftlichen Bericht abzugeben. Er war froh, dass seine Stadt sich endlich mit dem auseinandersetzte, was dort passiert war.

Während des Zweiten Weltkriegs wurde Heinrich Kleinschmidt vom Wehrdienst befreit. Er war von Beruf Elektriker und wurde in den deutschen Schiffbauzentren Kiel, dann Rostock und schließlich in Litauen gebraucht. Wann immer er von dieser Arbeit freigestellt wurde, besuchte er seine Familie in Hessisch Lichtenau, erkundigte sich bei Frau und Kindern, was in der Stadt vor sich ging, und beobachtete selbst das Treiben.

37 Heinrich Kleinschmidt im Jahr 1940/41 im Alter von 35 Jahren *(Privatarchiv Hubert Kleinschmidt)*

Heinrich erzählte den Schülerinnen und Schülern, dass die ersten Gebäude der Munitionsfabrik 1936 im heutigen Stadtteil Hirschhagen errichtet wurden. Damals gehörte Hirschhagen zum Lichtenauer Ortsteil Fürstenhagen und war ein urwüchsiges Mischwaldgebiet. Es wurde außerdem auch Land enteignet, um einen Flugplatz in Hessisch Lichtenau zu bauen; Kleinschmidt berichtete, dass Einheimische zusehen mussten, wie die Kartoffeln auf den dortigen Feldern nicht mehr geerntet werden konnten und verrotteten.

Während dieser Zeit mussten sich die Bürger der Stadt Propagandafilme der Nazis ansehen, die in der örtlichen Gaststätte «Grüner Baum» gezeigt wurden. Heinrich erzählte, dass diese Filme für ihn Teil von Hitlers Bemühungen waren, das Volk zu verdummen und gefügiger zu machen.

In der Anfangszeit waren die Arbeiterinnen und Arbeiter in der Sprengstofffabrik Deutsche aus der Region. Die Arbeitslosigkeit war hoch und die Menschen waren froh, endlich wieder einen Job zu haben. Als diese Arbeitskräfte für die expandierende Fabrik nicht mehr ausreichten, wurden zusätzliche deutsche Arbeitskräfte von außerhalb angeworben. Nach Kriegsbeginn lockte man zunächst ausländische Arbeiter aus den besetzten Ländern an, insbesondere aus den Niederlanden und Frankreich, durch das Versprechen guter Löhne, Post alle vier Wochen und Urlaub alle sechs Monate.

1941 waren 201 Italiener im Rahmen eines Vertrages, der auf Staatsebene mit Mussolini geschlossen wurde, in Hessisch Lichtenau eingetroffen. Als es keine Freiwilligen mehr gab, wurden die sogenannten «Untermenschen» aus anderen Ländern festgenommen und mit Lastwagen zwangsweise nach Deutschland gebracht. Dazu gehörten die Polen und Sowjets, die nach den Invasionen in ihre Länder als Zwangsarbeiter in Hessisch Lichtenau schuften mussten.

Heinrich Kleinschmidt erzählte den Schülerinnen und Schülern, dass die Polen ein «P» auf ihrer Kleidung trugen und einige in einer ehemaligen Zigarrenfabrik untergebracht waren, die beschlagnahmt worden war, weil sie einem jüdischen Geschäftsmann, Herrn Wolff, gehört hatte. Die Stadt Hessisch Lichtenau

38 Gasthaus «Grüner Baum» in der Ortsmitte Hessisch Lichtenaus
(Privatarchiv Dieter Vaupel)

hatte sich die Zigarrenfabrik im Zuge der «Arisierung» angeeignet und sie dann an die Baufirma Röder & Küllmer verpachtet, die sie für die Unterbringung von Bauarbeitern, darunter auch Polen, nutzte. Dies war keines der Lager, die Max Mayr in seinem Vortrag aufgeführt hatte, und im Gegensatz zu vielen anderen Lagern lag es direkt in der Stadt.

Die polnischen Arbeiter durften ihr Lager sogar verlassen und in die Stadt gehen. Unter ihnen war ein 15-jähriger Junge, der für die Stadtbewohner, einschließlich Kleinschmidts Familie Müll sammelte, Schweine fütterte oder Holz hackte, wofür er im Austausch Seife und Rasierer bekam. Aber die Regeln waren klar: Wenn ein Pole es wagte, im «Grünen Baum» Zigaretten zu kaufen, oder eine andere derart dreiste Tat verübte, wurde er von der örtlichen Polizei aufgegriffen und geschlagen. In Heinrichs Augen schien fast jeder Polizist sadistischer sein zu wollen als SA und SS.

39 Frühere Zigarrenfabrik, in der polnische Zwangsarbeiter untergebracht wurden *(Privatarchiv Dieter Vaupel)*

Irgendwann wurden immer mehr Arbeiter in der Sprengstofffabrik gebraucht, erzählte Heinrich den Schülerinnen und Schülern. Gleichzeitig ging nach der Niederlage der Wehrmacht in Stalingrad 1943 der Strom von Kriegsgefangenen und Zwangsarbeitern, die nach Deutschland deportiert werden konnten, dramatisch zurück. Aus diesem Grund durften Juden am Leben bleiben, weil man sie zum Arbeiten brauchte, insbesondere Frauen im Alter von 15 bis 40 Jahren, die gesund und stark waren.

Als der Krieg sein Endstadium erreichte, versuchte man in «Hitler-Deutschland» verzweifelt, mit allen Mitteln mehr Munition und Sprengstoff zu produzieren. 1944 wurden tausend jüdische Frauen und Mädchen aus dem Vernichtungslager Auschwitz in das Lager Vereinshaus in Hessisch Lichtenau gebracht, erzählte Kleinschmidt.

Als er von jüdischen Frauen und Mädchen sprach, die in seiner Stadt festgehalten wurden, erkannten Dieter Vaupel und seine Schülerinnen und Schüler die Bedeutung des Augenblicks: Er hatte eine wichtige Enthüllung von Max Mayr bestätigt.

Das Lager Vereinshaus wurde nach einem Nachbargebäude in der Heinrichstraße benannt, in dem verschiedene Vereine aktiv waren und in dem einst ein

Kindergarten und eine Schule untergebracht waren. Das Lager bestand aus 10 Baracken von je 10 mal 30 Metern Größe und Nebengebäuden wie Toiletten, Duschen, Küche, einem Gebäude für die Wachen und einem Materiallager. Das Lager stand auf dem Gelände einer ehemaligen Gärtnerei, das von der Heinrichstraße und der Hopfelder Straße begrenzt wurde.

Das Lager Vereinshaus in Hessisch Lichtenau stand fünf Kilometer von der Munitionsfabrik entfernt. Jeden Tag wurden die ausgemergelten jüdischen Arbeiterinnen durch die Straßen der Stadt zu ihrer Arbeit getrieben.

Die Fabrik, erzählte Heinrich den Jugendlichen, sei im Volksmund als «Schokoladenfabrik» bezeichnet worden, weil man sich scheute, ihren eigentlichen Zweck zu nennen. Betrieben wurde das Werk Hessisch Lichtenau von einer Tochtergesellschaft der Dynamit Nobel AG mit der offiziellen Bezeichnung «Gesellschaft mit beschränkter Haftung zur Verwertung chemischer Erzeugnisse» oder kurz «Verwertchemie». Einige Einwohner von Hessisch Lichtenau nannten das Werk «Muna», eine Verharmlosung des Begriffs «Munitionsfabrik».

***

In Vorbereitung auf dieses Buch sprach Dieter Vaupel 2020 mit Heinrich Kleinschmidts Sohn Hubert. Hubert, Jahrgang 1935, war neun Jahre alt, als die Jüdinnen nach Hessisch Lichtenau gebracht wurden. Die Familie wohnte damals in der Kirchstraße, ganz in der Nähe des Lagers. Er sah die Frauen jeden Tag an ihrem Haus vorbeimarschieren, wenn sie zur Fabrik gingen. Sie waren erbärmlich gekleidet, hatten kahlgeschorene Köpfe und wickelten sich im Winter gegen die Kälte Zeitungspapier um die Beine. Er sagte, er habe die Bilder davon noch heute im Kopf.

Damals, so erzählte Hubert, gab es in der Nähe des Kleinschmidt-Hauses eine Bäckerei. Wie Arbeitspferde zogen die jüdischen Mädchen jeden Morgen einen Karren zur Bäckerei. Unter den wachsamen Augen der SS-Wachen wurde der Karren mit Brot beladen und das Mädchenteam musste es zurück ins Lager schleppen.

Hubert erinnerte sich, dass er einmal ein jüdisches Mädchen aus nächster Nähe im Wartezimmer des Arztes gesehen hatte. Ein SS-Mann brachte sie, da sie sich bei einem Arbeitsunfall schwer an der Hand verletzt hatte. Der junge Hubert war beeindruckt, dass der Arzt sehr professionell war und sie sofort vor allen anderen Patienten behandelte. Allerdings schimpfte der Arzt sie auch wegen ihrer Nachlässigkeit. Hubert verstand die Reaktion des Arztes nicht; sicherlich hat sie sich nicht absichtlich so schwer verletzt. Er erinnerte sich, dass er als Junge gedacht hatte, dass sie sicherlich dazu getrieben werden musste, so hart zu arbeiten.

40 Blick auf zwei Baracken des Lagers Vereinshaus im Jahr 1938 aus der Horst-Wessel-Straße (heute Dessauer Straße). Im Vordergrund Hubert Kleinschmidt und sein älterer Bruder Heinz *(Privatarchiv Hubert Kleinschmidt)*

41 Blick auf die Heinrichstraße in der das Lager Vereinshaus lag. Links hinter dem Zaun befand sich das Lager *(Privatarchiv Dieter Vaupel)*

42 Elektro- und Fahrradgeschäft von Heinrich Kleinschmidt im Jahr 1949 in einer ehemaligen Baracke des Lagers Vereinshaus *(Privatarchiv Hubert Kleinschmidt)*

Huberts Vater Heinrich Kleinschmidt betrieb nach dem Krieg in einem Teil einer Baracke des Lagers Vereinshaus sein Elektro- und Fahrradgeschäft. Diese Baracke wurde mit einer Eisenwaren- und einer Textilhandlung gemeinsam genutzt. Die Baracke wurde 1948 von Heinrich Kleinschmidt gekauft, im Lager abgebaut und an der Leipziger Straße in Hessisch Lichtenau aufgestellt.

Jahre später baute die Familie Kleinschmidt ein neues Haus in der Freiherr-vom-Stein-Straße. Sie wohnten hier und betrieben ihr Geschäft direkt gegenüber der Schule, in die Heinrich Kleinschmidt eines Tages kommen und mit Dieter Vaupel und seinen Schülern darüber sprechen würde, was in ihrer Stadt passiert war.

***

Berta Schröder lebte ihr Leben lang in Hessisch Lichtenau. Dieter und ein paar Schülerinnen gingen zu dem Mietshaus, in dem die alte Frau wohnte, nachdem sie zugestimmt hatte, für die Projektwoche interviewt zu werden. Sie erlebten sie sehr einfühlsam und noch immer bewegt vom Leiden der Jüdinnen.

Berta gehörte zu denen, die in der Sprengstofffabrik zu arbeiten begannen, als diese 1938 zum ersten Mal mit der Produktion begann. Sie erzählte den Jugendli-

ZU DEN ZEITZEUGEN, die der Autor Dieter Vaupel für sein Buch über das KZ-Außenkommando Hess. Lichtenau befragte, gehörte die 80jährige Lichtenauerin Berta Schröder. Ihr wurde diese Woche ein Exemplar des Bandes von Vaupel überreicht. Frau Schröder hatte für die Nachforschungen wichtige Impulse gegeben, indem sie ihre Beobachtungen und Eindrücke aus den Jahren 1944/45 mitteilte. (Foto: zlr)

43 *Hessisch Niedersächsische Allgemeine/ Witzenhausen* vom 13. Oktober 1984

chen, dass sie schließlich Vorarbeiterin wurde und hauptsächlich die Arbeit von Polen und Russen, aber auch von einigen Italienern überwachte.

Als die jüdischen Frauen 1944 zum ersten Mal am Bahnhof in Hessisch Lichtenau ankamen, war Berta in einer Mittagspause zu Hause. Jemand kam und sagte ihr, da sei ein Zug mit vielen Waggons mit Jüdinnen angekommen. In ihrem Interview beschrieb Berta, wie sie beobachtete, wie die Jüdinnen auf ihrem Weg zum Lager Vereinshaus in einer Kolonne an ihrem Haus vorbeigingen.

«Es waren ausschließlich Frauen, junge Frauen, obwohl es schwierig war, ihr Alter zu bestimmen. Eine sah aus wie die andere, alle waren abgemagert, kahlgeschoren und trugen Sackkleider. Ich kann nicht sagen, wie viele es waren, aber sicherlich einige Hundert. Frauen und ältere Männer in Uniformen bewachten sie. Ein Mann trug einen Eimer Wasser, um einige zu erfrischen, die von der Zugfahrt erschöpft waren. Es gab Stadtbewohner, die über die traurige Menschenkolonne lachten und spotteten. Die meisten ignorierten sie.»

Die jüdischen Frauen und Mädchen wurden der gefährlichsten Arbeit der Fabrik zugeteilt: den Füllstationen. Laut Berta Schröder «mussten sie mit Chemikalien arbeiten, was sie krank machte. Ihre Gesichter, Hände und Arme waren gelb oder sogar grün, und die Haare wurden rot. Einige sahen grasgrün aus! Wenn die Juden krank waren, wurden sie einfach wie Vieh wieder in die Züge gesetzt und zurück ins Konzentrationslager gebracht. In den Füllstationen kam es häufig zu

Unfällen. Viele Produktionsbunker wurden so gebaut, dass bei einer Explosion Wände und Menschen herausgeschleudert wurden, die Stahlbetongerüste aber stehen blieben. Ich erinnere mich an mehrere große Explosionen. Die Körper der Menschen wurden völlig auseinandergerissen und Knochen und Kleidung hingen in den Bäumen. Die Leute aus Lichtenau haben den Jüdinnen nicht viel Aufmerksamkeit geschenkt.»

Ein Jahr später, 1984, besuchte Dieter Vaupel Berta Schröder noch einmal, um sich bei ihr dafür zu bedanken, dass sie als eine der ersten Bewohnerinnen von Hessisch Lichtenau offen über die Geschehnisse gesprochen hatte. Er überreichte ihr ein Exemplar seines neuen Buches über das Lager, in dem die Jüdinnen leben mussten. Die Lokalzeitung, die *Hessisch Niedersächsische Allgemeine*, berichtete über diesen Besuch.

Neben Heinrich Kleinschmidt und Berta Schröder befragten Dieter Vaupel und die Jugendlichen der Projektgruppe unter dem Versprechen der Anonymität sechs weitere Bürger aus der Stadt, die damals entweder in der Fabrik gearbeitet oder in der Nähe des Lager Vereinshauses gewohnt hatten.

***

Herr E. begann 1938 in einer Abteilung in der Sprengstofffabrik zu arbeiten, in der Landminen, die dazu bestimmt waren, Panzer zu zerstören, mit Sprengstoff gefüllt wurden. Er erinnerte sich, dass die Arbeit in drei Acht-Stunden-Schichten erledigt wurde – und dass es zahlreiche Explosionen gab. Gebäude 305 explodierte zum ersten Mal am 6. September 1938. Zwei Männer aus der Stadt wurden getötet: Heinrich Möller und Moritz Gossmann. 1940 verursachte eine Explosion in der Füllstation zahlreiche Verletzte mit schweren Verbrennungen. 1943 gab es eine zweite Explosion in der Füllstation. Vierzig Menschen, hauptsächlich russische Mädchen, wurden getötet. Von den Körpern dieser Mädchen blieben nur Fragmente übrig. 1944 explodierte erneut eine Füllstation und es gab einen Toten. Heute wissen wir, dass es am 31. März 1944 eine große Explosion gab, bei der der gesamte Gebäudekomplex der Füllstation Ost zerstört wurde und insgesamt 73 Menschen starben.

***

Frau B. arbeitete im Werkslabor und wohnte in der Hopfelder Straße neben dem Lager Vereinshaus. Kurz bevor die Jüdinnen 1944 kamen, sah sie, dass ein Maschendrahtzaun mit Stacheldraht darauf um das Lager installiert wurde. Es gab außerdem einen Wachturm und einige Wachhäuschen. Ältere Männer waren für die äußere Sicherheit und Bewachung des Lagergeländes zuständig. Die meisten jüdischen Frauen waren unter 40 und sahen sehr abgemagert aus. Frau B.s Mutter bestach oft die alten Männer, die als Wachleute arbeiteten, um etwas Brot über den Zaun zu werfen, damit die Jüdinnen etwas zu essen hatten.

Frau B. erinnerte sich auch an die jüdischen Frauen mit rasierten Köpfen und gelber Haut vom Umgang mit Chemikalien. Im Winter wickelten sie Lumpen oder Zeitungen um ihre Beine. Einige gingen barfuß zur Arbeit, andere trugen holländische Holzschuhe. SS-Frauen schlugen ihnen mit Stöcken und Peitschen auf die Beine.

Die Lichtenauer Bevölkerung nahm von den Jüdinnen keine Notiz, aber in der Fabrik gab es einige Menschen, die ihnen unter Lebensgefahr im Vorbeigehen etwas zu essen gaben.

In den letzten Tagen vor der Räumung des Lagers schafften es einige Jüdinnen über den Zaun zu klettern und es gelang ihnen, Richtung Reichenbach zu fliehen. Sie rannten in den Wald und wurden nie entdeckt.

Nach der Räumung des Lagers musste Frau B. die Baracken schrubben. Sie waren von Ungeziefer befallen. Die jüdischen Frauen schliefen auf Holzbetten ohne Matratzen.

***

In den letzten Kriegsjahren unterrichtete Frau F. Schülerinnen und Schüler im Auguste-Viktoria-Haus, einer Grundschule direkt neben dem Lager Vereinshaus.

Frau F. erinnert sich:

> Als wir mit den Schülern draußen waren, kamen die Jüdinnen an den Zaun und bettelten. Sie sahen elend aus und hatten gelbe Haut. Ihre Kleidung bestand aus Sackleinen, das in der Mitte mit einem Strick zusammengebunden war. Ich erinnere mich noch an den erschütternden Anblick, als ich morgens zur Schule ging und am Lager vorbeigehen musste. Die Jüdinnen wurden bewacht, konnten aber bis zum Zaun gelangen. Es waren immer Frauen im Lager, weil sie in der Fabrik im Schichtdienst arbeiteten. Einmal stieg ich versehentlich in den jüdischen Sonderwagen ein, der an unseren Zug angekoppelt war. Zuerst sah ich die Frauen etwas erstaunt an. Eine von ihnen sagte in gebrochenem Deutsch: «Wir machen gar nichts!» Ich setzte mich in den offenen Raum und las ein Buch, da ich den Jüdinnen kein Unbehagen bereiten wollte. Eine junge Frau, die mir gegenüber saß, sagte: «Oh, ich hatte auch einmal so ein Buch.»

***

44 Auguste-Viktoria-Heim, im Volksmund «Vereinshaus» genannt. Direkt neben dem Lager gelegen. Hier gingen Kinder zur Schule, während nebenan jüdische Zwangsarbeiterinnen interniert waren *(Privatarchiv Dieter Vaupel)*

45 Baracken des Lager Vereinshauses, die später in Reichenbach als Jugendheim wieder aufgebaut wurden *(Privatarchiv Dieter Vaupel)*

Frau A. wohnte direkt neben dem Lager Vereinshaus in der Hopfelder Straße. Sie sagte, dass sie einige der Wachen, die um den Zaun rund um das Lager patrouillierten, mit Kuchen bestochen habe, damit sie den jämmerlich aussehenden hungrigen Jüdinnen etwas zu essen geben konnte:

> Samstags habe ich Kuchen für die Frauen gebacken, in Schuhkartons gepackt, verschnürt und über den Zaun geworfen. Ich hatte die Wachen vorher mit Kuchen bestochen. Wir riefen uns manchmal über den Zaun hinweg etwas zu, wenn keine Wachen in der Nähe waren. Frauen, die Deutsch sprechen konnten, sagten: «Wir haben doch nichts Schlimmes getan!» Eine sagte: «Ich habe drei blonde Jungen, wer weiß, was mit ihnen ist. Vielleicht sind sie schon tot.» Ich habe versucht, die Frauen zu trösten.

Frau A. ging zum Zaun und warf etwas hinüber: Kleider, Schuhe und vor allem etwas Essbares, meistens, wenn es dunkel war:

> Ich musste vorsichtig sein, weil die Wachen ständig am Zaun patrouillierten. Einige Männer waren vernünftig, aber einer drohte sogar, mich zu erschießen. Ich wäre nicht die Erste, sagte er.

Oft sah Frau A., wie jüdische Frauen und Mädchen aus dem Lagertor in der Heinrichstraße geführt und aufgefordert wurden, ein Lied zu singen. SS, die vorne, hinten und an den Seiten gingen, trieben die Jüdinnen mit Gertenhieben, schlugen ihnen auf die Füße und riefen: Los, los!

In den Tagen vor der Evakuierung flohen einige Jüdinnen aus dem Lager, indem sie ein Loch unter den Zäunen gruben und in den Wald flohen. Die Wachen fanden es heraus und suchten einige Zeit nach ihnen, konnten sie aber nicht finden. Nach dem Krieg kam eine Jüdin mit einem Polen zu Frau A. und beschuldigte sie, die jüdischen Häftlinge verraten zu haben. «Aber das hätte ich nie getan, ich wusste doch, wie es den Frauen geht.»

***

Der Vater von Herrn D. war Handwerksmeister, dessen Familie in der Siedlung in Fürstenhagen lebte, einem Dorf zweieinhalb Kilometer von Hessisch Lichtenau entfernt. Die Sprengstofffabrik wurde in einem großen Waldgebiet errichtet, das zum Dorf Fürstenhagen gehörte. Nach dem Zweiten Weltkrieg wurde dieses Areal, ein eigener Ortsteil von Hessisch Lichtenau und erhielt den Namen Hirschhagen.

Herr D. sagte den jungen Interviewern:

> Ich war noch ein Kind, aber ich erinnere mich noch an einige Ereignisse aus dieser Zeit. Vom Bahnhof Fürstenhagen führte ein etwa 1,50 Meter breiter Fußweg hinauf zur Munitionsfabrik. Ich stand eines Tages im Sommer 1944 als 11-jähriger Junge auf diesem Weg, als etwa 100 Jüdinnen dort hochgeführt wurden. Die Jüdinnen kamen den Weg herauf. Es waren schlanke junge Frauen mit rasierten Köpfen. Sie hatten einheitliche Anzüge. Heute würde ich sagen, man sah ihnen äußerlich an, dass sie speziell ausgelesen waren, um harte und gefährliche Arbeit zu verrichten.

Herr D. erkannte einen der Wachleute. Der Mann war aus Rommerode, einem kleinen Dorf etwa fünf Kilometer von Hessisch Lichtenau entfernt, ein Metzger, der im Haus von Herrn D. schon Hausschlachtungen gemacht hatte. Er sprach mit der Wache, wurde aber angewiesen, weder mit ihm noch mit den Frauen zu sprechen. Herr D. konnte dies nicht verstehen, merkte aber, dass etwas nicht stimmte. Der Anblick der Frauen blieb ihm in Erinnerung:

> Ich kann die Frauen heute noch sehen, wie sie vor mir den Weg heraufkommen. Sie kamen jeden Tag mit einem Spezialzug von Hessisch Lichtenau, eine Lok mit umgebauten Güterwaggons. Wenn man die Jüdinnen so sah, wie sie den Weg hochkamen, merkte man, dass sie trotz allem ihren Stolz nicht verloren hatten.

***

Von August 1944 bis März 1945 war Frau C. beim Rüstungsamt als Kontrolleurin in der Füllstation tätig. Von allen Zeugen hatte sie den meisten Kontakt zu den jüdischen Frauen und Mädchen.

Sie erinnerte sich:

> Ungarische Jüdinnen aus dem Lager Vereinshaus haben in der Füllstelle täglich mit uns zusammengearbeitet und die gleiche Arbeit wie wir getan. Zwischen uns und den Jüdinnen bestand ein sehr gutes, fast freundschaftliches Verhältnis. Uns war ja immer erzählt worden, die Juden seien Untermenschen und nun kamen da jüdische Mädchen aus Ungarn und sollten mit uns zusammenarbeiten. Für uns war das so erstaunlich und unfassbar, denn diese fröhlichen und ausgelassenen Mädchen entsprachen so gar nicht dem Bild, das uns immer vermittelt worden war. Die meisten waren ja

sehr jung und trotz ihrer geschorenen Haare waren viele bildhübsche Mädchen darunter. So nach und nach bekamen wir einiges über das Schicksal der Mädchen heraus und wir hatten alle viel Mitleid mit ihnen.

Eine Lehrerin, genannt Maria, die ungefähr 40 Jahre alt war, war für uns Dolmetscherin. Die Frau arbeitete nicht wie die anderen Jüdinnen in der Füllstelle am Band, sondern war so eine Art Betreuerin für die Mädchen. Sie war auch eigentlich älter als sie. Die Mädchen waren alle blutjung, viele in meinem Alter, etwa 20 Jahre. Die Maria und auch andere haben erzählt, wie sie nach Auschwitz verschleppt worden sind, sich dort alle ausziehen mussten und ihre sämtlichen Kleider und Privatsachen abgenommen bekamen. Sie haben neue Bekleidung bekommen, Holzpantinen und Sackkleider [...]

Ich kann mich noch genau an Weihnachten 1944 erinnern. Heiligabend hatte ich Spätschicht. Es wurde rund um die Uhr gearbeitet, auch am Wochenende und an den Feiertagen. Im Anschluss an die Spätschicht haben wir in der Füllstelle eine Weihnachtsfeier gemacht, Die Jüdinnen feierten auch mit. Ein Mann aus der Umgebung hatte einen Weihnachtsbaum mitgebracht. Wir waren an dem Abend fröhlich und ausgelassen und haben gesungen. Die Jüdinnen haben sogar unsere deutschen Weihnachtslieder mitgesungen. Aber sie haben auch ungarische Lieder vorgetragen und dazu getanzt [...]

Unter den Jüdinnen gab es viele intelligente Mädchen, darunter eine ganze Menge Studentinnen. Eine konnte gut zeichnen. Sie hat ein Portrait von mir gemacht. Leider habe ich es nicht mehr [...]

Eines Tages erzählte die Betreuerin Maria uns, dass eines der Mädchen schwanger sei und fragte, ob wir niemanden wüssten, der eine Abtreibung machen könnte. Es gab zwar eine Krankenschwester, die so etwas machte, aber die war gerade in Gefängnis, weil sie bei ihrer Tätigkeit erwischt worden war. So konnten wir dem Mädchen nicht helfen. Kurze Zeit darauf brachte ich ihr noch eine Leibbinde von meiner Mutter mit. Ich weiß noch, dass das Mädchen Weihnachten trotz ihres Zustandes mitgesungen und getanzt hatte. Sie hatte noch drei Schwestern. Die sahen sich zum Verwechseln ähnlich. Anfang des nächsten Jahres tauchte das Mädchen nicht mehr bei uns auf. Ich weiß nicht, was mit ihr geschah [...]

Frau C. konnte nicht aus eigener Erfahrung über das Leben der Mädchen im Lager sprechen. Sie wusste aber zu berichten, was die Mädchen ihr erzählt hatten, wie zum Beispiel, dass sie samstags Wäsche waschen und sich in Decken einwickeln mussten, weil sie nichts anderes zum Anziehen hatten. Mit ihrem Mann ging Frau C. manchmal in der Stadt rund um das Lager spazieren. Die Jüdinnen hatten keine Vorhänge an den Barackenfenstern, so konnte man sie sehen. Jeder, der vorbeiging, konnte sie sehen.

Frau C. sagte, sie sei froh, dass Dieter Vaupel und seine Schülerinnen und Schüler nach den jüdischen Frauen und Mädchen fragten. Die jungen Leute in Hessisch Lichtenau müssten erfahren, was damals geschah.

***

Nach dem Krieg wurden die Baracken im Lager Vereinshaus für andere Zwecke genutzt. Ein Beispiel ist der Laden von Heinrich Kleinschmidt. Eine weitere Baracke wurde in Hessisch Lichtenau viele Jahre als Kino genutzt. Es wurden auch Baracken abgebaut und aus Hessisch Lichtenau abtransportiert und an anderer Stelle wieder aufgebaut. Wie die im Reichenbacher Wald wieder aufgebaute, in demselben Wald, in den einige jüdische Frauen und Mädchen geflüchtet waren und nie entdeckt wurden. Diese Baracke war viele Jahre ein Jugendheim, diente als Erholungslager für junge Menschen, die ihre Geschichte nicht kannten.

Kapitel 7
Tag der offenen Tür

Bevor die Projektwoche begann, war allen klar, NS-Kriegsverbrechen waren an Orten wie Auschwitz, dem Vernichtungslager in Polen, oder Buchenwald, dem Konzentrationslager nur 100 Kilometer von Hessisch Lichtenau entfernt, geschehen. Das hatten die Schülerinnen und Schüler in der Schule gelernt und bei der Besichtigung des Lagergeländes, der Gebäude, des Galgens und des Krematoriums von Buchenwald hautnah miterlebt.

Sie wussten alle, dass an diesen dunklen Orten die Nazis viele Verbrechen begangen hatten. Nicht irgendwo wie in Hessisch Lichtenau, ihrer Märchenstadt, in der ihre eigenen Familien lebten. Aber dann hörten sie, was Max Mayr, Heinrich Kleinschmidt, Berta Schröder und sechs andere Stadtbewohner berichtet hatten.

Ihre Stadt war Sitz einer der größten Sprengstofffabriken des Deutschen Reiches gewesen. Die Fabrik lief mit dem Einsatz von Zwangsarbeiterinnen und Zwangsarbeitern. Dazu gehörten fast tausend jüdische Frauen und Mädchen, die aus Auschwitz geschickt wurden, kaum ernährt, von SS-Wachen geschlagen und langsam durch die Chemikalien vergiftet wurden, mit denen sie umgehen mussten. Innerhalb weniger Tage hatte sich das Bild ihrer idyllischen Heimatstadt auf den Kopf gestellt. Sie wollten Antworten. Wer wusste noch, was hier passiert ist?

Die Jugendlichen wollten nun herausfinden, wie viele ihrer Stadtbewohner dieses Bewusstsein teilten. Sie wollten etwas tun. Dieter Vaupel half ihnen, ihre Empörung produktiv zu bündeln. Sie würden auf die Straßen von Hessisch Lichtenau gehen und höflich fragen: «Was wisen Sie über die NS-Zeit in Hessisch Lichtenau?»

46 Eingangsgebäude des Konzentrationslagers Buchenwald – den Schülerinnen und Schülern als Ort des Schreckens bekannt *(Gedenkstätte Buchenwald)*

47 Inschrift am Eingangstor in Buchenwald zur Verhöhnung der Gefangenen *(Gedenkstätte Buchenwald)*

Eine Gruppe, drei oder vier Jugendliche, stand an der Poststraße, einer Hauptstraße in Hessisch Lichtenau mit einigen Geschäften und Restaurants. Dort waren immer Leute unterwegs.

Eine andere Gruppe ging in die Heinrichstraße, vor das Gelände des ehemaligen Lagers Vereinshaus, in dem die jüdischen Frauen und Mädchen ehemals untergebracht waren. Das Lager war längst verschwunden und an seiner Stelle standen die neu errichtete Grundschule sowie ein Teil der Freiherr-vom-Stein-Schule, in den die Jahrgangsstufen 5 und 6 gingen.

An beiden Standorten, der Poststraße und der Heinrichstraße, versuchten die jungen interessierten Leute Passanten anzusprechen – doch ohne Erfolg. Niemand wollte die Frage beantworten. Die Leute gingen einfach weiter oder sagten, es sei lange her und es gebe keinen Grund, heute darüber zu sprechen. Es wäre besser, die Vergangenheit in Ruhe zu lassen.

48 Gebäude der Freiherr-vom-Stein-Schule (vorn) und der Grundschule (hinten) in der Heinrichstraße *(Archiv der Freiherr-vom-Stein-Schule)*

Einige Passanten gaben an, davon nichts gewusst zu haben, da sie damals nicht in Hessisch Lichtenau gewohnt hätten. Für manche galt dies sicherlich, denn viele Kriegsvertriebene oder Flüchtlinge aus den ehemaligen deutschen Ostgebieten landeten nach Kriegsende in Hessisch Lichtenau.

Die Schülerinnen und Schüler waren natürlich sehr enttäuscht über die fehlende Resonanz.

***

Die Projektwoche lief von Montag bis Freitag mit einem Tag der offenen Tür am Samstag. Es war eine große Schulveranstaltung mit mehr als tausend Schülerinnen und Schülern, die an über 50 verschiedenen Projektthemen gearbeitet hatten und nun ihre Ergebnisse präsentierten. Die Jugendlichen in der Gruppe von Dieter Vaupel befürchteten, dass sie bis zum Tag der offenen Tür am Samstag nicht genügend Unterlagen haben würden, um zu bestätigen, was Max Mayr, Heinrich Kleinschmidt, Berta Schröder und die anderen Interviewpartner ihnen gesagt hatten.

In ihren ersten Treffen vor der Projektwoche hatten sich die Projektgruppenschüler an die Stadtverwaltung, an Landesbehörden und Archive gewandt, um Informationen über Hessisch Lichtenau während der NS-Zeit zu erhalten. Die Antwort des Archivs der Stadt Hessisch Lichtenau war kurz und abweisend: Über die NS-Zeit seien keine Unterlagen vorhanden. Sie alle seien kurz vor dem Einmarsch der Amerikaner vom Bürgermeister von Lichtenau verbrannt worden, so lautete die Auskunft.

Dies stellte sich jedoch als falsch heraus. Nur wenige Jahre später fanden ausgebildete Historiker auf dem Dachboden des Rathauses umfangreiches Material zu den Kriegsjahren. Aber für den Tag der offenen Tür hatten die Schülerinnen und Schüler keine Unterlagen von der Stadt zur Verfügung.

Die Antwort des Staatsarchivs Marburg war zwar keine komplette Absage, aber für den Tag der offenen Tür keine große Hilfe. Das Staatsarchiv hatte bei einer ersten Suche keine Dokumente finden können, aber die Schülerinnen und Schüler wurden herzlich eingeladen, das Archiv zu besuchen und ihre eigene Suche durchzuführen.

Dann erhielten sie endlich eine positive Rückmeldung und die Bestätigung, die sie brauchten. In einem Schreiben des Internationalen Suchdienstes (ITS) Bad Arolsen wurde ihnen mitgeteilt, dass das Lager Vereinshaus in Hessisch Lichtenau bis zu 1000 überwiegend ungarische Jüdinnen beherbergte, die dem KZ Buchenwald als Außenkommando zugeteilt waren. Allerdings war der ITS Bad Arolsen, ein Archiv über die Opfer der NS-Verfolgung, zu diesem Zeitpunkt noch nicht für die historische Recherche durch externe Gruppen zugänglich, sodass ihnen nur dieser kurze Brief zur Verfügung stand.

Und dann traf eine zweite Nachricht aus dem Hessischen Staatsarchiv ein, die bestätigte, dass die jüdischen Frauen und Mädchen im Lichtenauer Lager gewesen sind. Auch das Schreiben war zwar kurz, aber enthielt immerhin einige ergänzende Informationen:

> Leider sind in den hier befindlichen Archiven der NS-Zeit keine Unterlagen über die Munitionswerke oder die Judenverfolgung zu finden. Bekannt ist nur, dass es in Hessisch Lichtenau vom 1. August 1944 bis 29. März 1945 eine Außenkommandantur des KZ Buchenwald gab, die aus etwa 800 Frauen, meist ungarischen Jüdinnen, bestand. Infolge von Arbeitsunfällen sind im Werk (= Gesellschaft mit beschränkter Haftung für die Verwendung chemischer Erzeugnisse) mehr als 150 Todesfälle aufgetreten.

Mit diesen Briefen konnte die Projektgruppe nun ihre Vorbereitungen für den Tag der offenen Tür abschließen. Nach ihrer Exkursion zum Gelände der Sprengstofffabrik in Hirschhagen, den Interviews mit Max Mayr, Heinrich Kleinschmidt, Berta Schröder u. a. sowie nun diesen Bestätigungsschreiben, die belegten, dass die jüdischen Frauen und Mädchen aus Auschwitz nach Hessisch Lichtenau verschickt worden waren, waren sie zuversichtlich, ihre aufsehenerregenden Ergebnisse präsentieren zu können.

***

Die Projekte wurden entweder in Klassenräumen oder in der großen Pausenhalle präsentiert. Dieter Vaupel und seine Gruppe hatten sich einen zentralen Platz in der Pausenhalle ausgesucht, damit möglichst viele Besucher ihre Ausstellung sehen können. Sie füllten zwei Pinnwände mit Plakaten, die Fotos und Dokumente enthielten. Die Projektteilnehmer und ihre Lehrerinnen und Lehrer standen bei der Ausstellung, um Fragen zu beantworten und Erklärungen abzugeben.

Die Besucher des Tages der offenen Tür waren wie immer überwiegend Eltern. Von den über 1.000 Besuchern zeigten mehr als 100 Interesse an der Ausstellung über Hessisch Lichtenaus Nazi-Vergangenheit. Die meisten Besucher waren schockiert über die Erkenntnis, dass in ihrer Stadt nicht nur eine große Sprengstofffabrik betrieben wurde, sondern dort auch Sklavenarbeiterinnen aus Auschwitz zur Arbeit gezwungen worden waren.

Einige Besucher fanden es bewundernswert, dass die Jugendlichen es geschafft hatten, ein dunkles Kapitel aus der Geschichte der Stadt aufzudecken. Aber kaum jemand wollte glauben, dass es in Hessisch Lichtenau wirklich ein KZ-Außenkommando mit 1.000 aus Auschwitz eingelieferten Frauen gab. Wenn es so etwas gegeben hätte, behaupteten einige, dann hätten sie schon längst davon gehört. Es wäre in die Geschichtsbücher eingegangen. Ein Mitglied der Schulleitung ging so weit, Dieter Vaupel zu sagen, er solle keine Lügen verbreiten. Er wäre sich sicher, dass es in Hessisch Lichtenau nie ein Konzentrationslager gegeben habe.

Es gab auch diejenigen, die nicht hinterfragten, ob es passiert war, sondern wiederholten, was die jungen Leute bereits auf der Straße gehört hatten: Warum nicht die Vergangenheit in Ruhe lassen?

Was die Jugendlichen der Projektgruppe am Tag der offenen Tür jedoch besonders störte, war die Gleichgültigkeit vieler Besucher gegenüber den jüdischen Frauen und Mädchen. Nur wenige der Besucher drückten Reue oder Mitleid mit ihnen aus. Im Gegensatz dazu identifizierten sich viele der Projektgruppen-Schülerinnen und Schüler mit den jüdischen Mädchen, die nach Hessisch Lichtenau geschickt wurden. Viele der Jüdinnen waren ja damals genauso alt wie sie heute. Das schaffte eine besondere Verbindung.

Nach dem Tag der offenen Tür wollten die Schülerinnen und Schüler mehr über das Schicksal dieser Frauen und Mädchen erfahren, die aus Auschwitz gekommen waren, um in Hessisch Lichtenau leiden zu müssen. Sie wollten nicht, dass das vergessen wird. Auch Dieter Vaupel war klar, dass sie sich bisher nur an der Oberfläche bewegt hatten. Als sie bei ihren Recherchen auf Widerstände stießen, wollte er mehr herausfinden. Einigen Schülerinnen und Schülern ging es ähnlich. Dieter Vaupel bot den Jugendlichen an, freiwillig an dem Projekt weiterzuarbeiten. Sie trafen sich einmal in der Woche nach der Schule, eine Gelegenheit, die von den meisten Projektteilnehmern sehr begrüßt wurde.

Im November 1983 erschien in der *Hessisch Niedersächsischen Allgemeinen (HNA)* der erste große Artikel über das, was Dieter Vaupel mit den Jugendlichen über die jüdischen Frauen und Mädchen erforscht hatte. «Jüdinnen in Lichtenauer Lager», lautete die Überschrift.

***

Die *HNA* berichtete am 28. November 1983 folgendes:

Lehrer fand Hinweise auf KZ-Außenposten von Buchenwald
Tausend Jüdinnen in Lichtenauer Lager
Von unserem Redakteur Werner Keller

Hess. Uchtenau/Helsa. Die Relikte des dunkelsten Kapitels der deutschen Geschichte sind in Hess. Lichtenau noch zu finden: Im Waldgebiet Hirschhagen, ganz in der Nähe der Helsaer Siedlung Waldhof, stehen verfallene Bunker – Reste einer der größten Sprengstoffabriken des Dritten Reiches. Um Hirschhagen ranken sich viele düstere Erinnerungen – Lichtenauer und Helsaer wissen darüber mehr oder weniger gut Bescheid.

Neu ist, daß es am Stadtrand von Hess. Lichtenau ein starkes Außenkommando des Konzentrationslagers Buchenwald gegeben haben soll, zu dem ein Lager mit rund tausend weiblichen Häftlingen gehörte: Jüdinnen aus osteuropäischen Ländern, die zur Arbeit in der Munitionsfabrik eingesetzt waren.

Buch geplant
Eindeutige Beweise dafür hat jetzt der Lehrer Dieter Vaupel (34) aus Spangenberg herausgefunden, der an der Gesamtschule Hess. Lichtenau tätig ist. Seine Erkenntnisse hat er in der Schrift «Das KZ-Außenkommando

Hess. Lichtenau 1944/ 45» dargestellt, die Teil eines Buches über KZ-Außenlager in Hessen ist (wir berichteten bereits kurz darüber). Dieses Buch soll im Januar im Eichborn-Verlag Frankfurt a. M. erscheinen. Herausgeber ist Lothar Bembenek.

Projektwoche
Für den Lehrer Vaupel fing die Arbeit im Frühjahr an, als an der Gesamtschule eine Projektwoche stattfand. Eine Gruppe ging dem Thema «Hess. Lichtenau in der NS-Zeit» nach. Dabei stieß man auf das Werk Hirschhagen – und auf die Verbindung zwischen Hess. Lichtenau und Buchenwald. Vaupel sammelte fortan Material, schrieb Archive an und versuchte Zeit-

Lehrer fand Hinweise auf KZ-Außenposten von Buchenwald

Tausend Jüdinnen in Lichtenauer Lager

Von unserem Redakteur Werner Keller

Hess. Lichtenau/Helsa. Die Relikte des dunkelsten Kapitels der deutschen Geschichte sind in Hess. Lichtenau noch zu finden: Im Waldgebiet Hirschhagen, ganz in der Nähe der Helsaer Siedlung Waldhof, stehen verfallene Bunker – Reste einer der größten Sprengstoffabriken des Dritten Reiches. Um Hirschhagen ranken sich viele düstere Erinnerungen – Lichtenauer und Helsaer wissen darüber mehr oder weniger gut Bescheid. Neu ist, daß es am Stadtrand von Hess. Lichtenau ein starkes Außenkommando des Konzentrationslagers Buchenwald gegeben haben soll, zu dem ein Lager mit rund tausend weiblichen Häftlingen gehörte: Jüdinnen aus osteuropäischen Ländern, die zur Arbeit in der Munitionsfabrik eingesetzt waren.

Buch geplant

Eindeutige Beweise dafür hat jetzt der Lehrer Dieter Vaupel (34) aus Spangenberg herausgefunden, der an der Gesamtschule Hess. Lichtenau tätig ist. Seine Erkenntnisse hat er in der Schrift „Das KZ-Außenkommando Hess. Lichtenau 1944/45" dargestellt, die Teil eines Buches über KZ-Außenlager in Hessen ist (wir berichteten bereits kurz darüber).

Dieses Buch soll im Januar im Eichborn-Verlag Frankfurt erscheinen. Herausgeber ist Lothar Bembenek.

Projektwoche

Für den Lehrer Vaupel fing die Arbeit im Frühjahr an, als an der Gesamtschule eine Projektwoche stattfand. Eine Gruppe ging dem Thema „Hess. Lichtenau in der NS-Zeit" nach. Dabei stieß man auf das Werk Hirschhagen – und auf die Verbindung zwischen Hess. Lichtenau und Buchenwald.

Vaupel sammelte fortan Material, schrieb Archive an und versuchte Zeitzeugen ausfindig zu machen. Die Ergebnisse sind nach den Worten des Lehrers eindeutig: Bei Hess. Lichtenau gab es ein größeres Außenlager von Buchenwald. Es war kein Vernichtungslager, sondern ein Arbeitslager.

Warum erst jetzt?

Vaupel zur HNA: „Erstaunlich ist, warum der Zusammenhang nicht schon früher aufgetaucht ist. Das Thema ist noch nicht aufgearbeitet."

Nach den Recherchen von Vaupel wurde das Außenkommando Hess. Lichtenau des KZ Buchenwald erstmals am 2. August 1944 in Unterlagen erwähnt.

Fabrik gebaut

Schon im Jahr 1936 war mit dem Bau des Munitionswerkes der Dynamit Nobel AG begonnen worden. In der Bevölkerung nannte man sie Mohrenkopffabrik – hergestellt wurden jedoch zwei Sprengstoffarten. Mit 200 Hektar Grundfläche und 360 Werksgebäuden war der Betrieb eine riesige Anlage. Beschäftigt wurden zunächst Dienstverpflichtete, später Kriegsgefangene. Während des Krieges sollen bis zu 15 000 Menschen in Hirschhagen gearbeitet haben. Untergebracht waren sie in einem Kranz von Lagern, der bis in den heutigen Kreis Kassel (Eschenstruth, Waldhof) reichte.

Ankurbelung

„Als gegen Kriegsende versucht wurde, die Produktion der gesamten Rüstungsindustrie noch stärker anzukurbeln, wurden schließlich auch Jüdinnen im Munitionswerk eingesetzt. Sie waren im Lager Vereinshaus in Hess. Lichtenau untergebracht", heißt es in der Arbeit von Vaupel.

DOKUMENT der jüngsten Geschichte: Das Foto zeigt nach den Ermittlungen von Vaupel den Teil des Lager Vereinshauses, in dem die SS die Jüdinnen untergebracht haben soll. Es entstand 1948, als das Realgymnasium dort untergebracht war.

Standort

Die Baracken standen auf einem Gelände zwischen der Heinrichstraße und der Hopfelder Straße. Zunächst wohnten hier ausländische Bauarbeiter, später wurde ein Teil des Lagers der SS für weibliche Häftlinge, vorwiegend ungarische Jüdinnen, zur Verfügung gestellt. Später, so ergeben die Nachforschungen, ging das ganze Lager an die SS über.

Über die Stärke des Außenkommandos gibt es unterschiedliche Darstellungen. Nach Angaben des „Internationalen Lagerkomitees" sollen es im März 1945 genau 1002 Häftlinge gewesen sein.

Zeitzeugen

Befragte Zeitzeugen sagten aus, daß die Jüdinnen unter erbärmlichen Bedingungen leben und arbeiten mußten. Jeden Tag wurden sie vier Kilometer zur Arbeit nach Hirschhagen geführt.

Hauptsächlich sollen die Jüdinnen in den Füllstellen zur Abfüllung des Sprengstoffes Pikrin in Granaten und Tellerminen eingesetzt gewesen sein. Der Umgang mit dem Stoff Pikrin führte bei den Häftlingen zu schlimmen Erkrankungen bis hin zur tödlichen Leberschädigung.

Todesfälle

Im KZ-Außenkommando soll es zu insgesamt 150 Todesfällen, meist infolge von Arbeitsunfällen in der Fabrik, gekommen sein.

Am 29. März 1945, als die Amerikaner bereits in Melsungen waren, ist das Kommando evakuiert worden. Die Insassen wurden über Dresden und Leipzig nach Wurzen geführt, wo sie knapp einen Monat später von US-Truppen befreit wurden.

Autor Vaupel möchte die Arbeit nicht auf sich beruhen lassen. „Die Geschichte darf nicht nur erforscht werden, sie muß auch sichtbar gemacht werden." – Vaupel denkt an eine Ausstellung, Veröffentlichungen und an eine Erinnerungstafel – Mahnmal an eine dunkle Vergangenheit ...

Spuren

Erste, allerdings damals noch vage Hinweise, auf den KZ-Außenposten, gab es übrigens schon einmal im Jahr 1981. Der frühere Oberrieder Pfarrer Dietmar Hahn stieß auf Spuren jener Zeit. Hahn schon damals: „An dem, was bis 1945 um Hirschhagen geschehen ist, kann man nicht so einfach vorübergehen."

49 Zeitungsartikel aus der *Hessisch Niedersächsischen Allgemeinen / Witzenhausen* vom 28. November 1983

zeugen ausfindig zu machen. Die Ergebnisse sind nach den Worten des Lehrers eindeutig: Bei Hess. Lichtenau gab es ein größeres Außenlager von Buchenwald. Es war kein Vernichtungslager, sondern ein Arbeitslager.

Warum erst jetzt?

Vaupel zur *HNA*: «Erstaunlich ist, warum der Zusammenhang nicht schon früher aufgetaucht ist. Das Thema ist noch nicht aufgearbeitet.» Nach den Recherchen von Vaupel wurde das Außenkommando Hess. Lichtenau des KZ Buchenwald erstmals am 2. August 1944 in Unterlagen erwähnt.

Fabrik gebaut

Schon im Jahr 1936 war mit dem Bau des Munitionswerkes der Dynamit Nobel AG begonnen worden. In der Bevölkerung nannte man sie Mohrenkopffabrik – hergestellt wurden jedoch zwei Sprengstoffarten. Mit 200 Hektar Grundfläche und 360 Werksgebäuden war der Betrieb eine riesige Anlage. Beschäftigt wurden zunächst Dienstverpflichtete, später Kriegsgefangene. Während des Krieges sollen bis zu 15.000 Menschen in Hirschhagen gearbeitet haben. Untergebracht waren sie in einem Kranz von Lagern, der bis in den heutigen Kreis Kassel (Eschenstruth, Waldhof) reichte.

Ankurbelung

Als gegen Kriegsende versucht wurde, die Produktion der gesamten Rüstungsindustrie noch stärker anzukurbeln, wurden schließlich auch Jüdinnen im Munitionswerk eingesetzt. «Sie waren im Lager Vereinshaus in Hess. Lichtenau untergebracht», heißt es in der Arbeit von Vaupel.

Standort

Die Baracken standen auf einem Gelände zwischen der Heinrichstraße und der Hopfelder Straße. Zunächst wohnten hier ausländische Bauarbeiter, später wurde ein Teil des Lagers der SS für weibliche Häftlinge, vorwiegend ungarische Jüdinnen, zur Verfügung gestellt. Später, so ergeben die Nachforschungen, ging das ganze Lager an die SS über. Über die Stärke des Außenkommandos gibt es unterschiedliche Darstellungen. Nach Angaben desr «Internationalen Lagerkomitees» sollen es im März 1945 genau 1002 Häftlinge gewesen sein.

Zeitzeugen

Befragte Zeitzeugen sagten aus, daß die Jüdinnen unter erbärmlichen Bedingungen leben und arbeiten mußten. Jeden Tag wurden sie vier Kilometer zur Arbeit nach Hirschhagen geführt. Hauptsächlich sollen die Jüdinnen in den Füllstellen zur Abfüllung des Sprengstoffes Pikrin in Granaten und Tellerminen eingesetzt gewesen sein. Der Umgang mit dem Stoff Pikrin führte bei den Häftlingen zu schlimmen Erkrankungen bis hin zur tödlichen Leberschädigung.

Todesfälle

Im KZ-Außenkommando soll es zu insgesamt 150 Todesfällen, meist infolge von Arbeitsunfällen in der Fabrik, gekommen sein. Am 29. März 1945, als die Amerikaner bereits in Melsungen waren, ist das Kommando evakuiert worden. Die Insassen wurden über Dresden und Leipzig nach Würzen geführt, wo sie knapp einen Monat später von US-Truppen befreit wurden.

Autor Vaupel möchte die Arbeit nicht auf sich beruhen lassen. «Die Geschichte darf nicht nur erforscht werden, sie muß auch sichtbar gemacht werden.» – Vaupel denkt an eine Ausstellung, Veröffentlichungen und an eine Erinnerungstafel – Mahnmal an eine dunkle Vergangenheit...

Spuren
Erste, allerdings damals noch vage Hinweise, auf den KZ-Außenposten, gab es übrigens schon einmal im Jahr 1981. Der frühere Oberrieder Pfarrer Dietmar Hahn stieß auf Spuren jener Zeit. Hahn schon damals: «An dem, was bis 1945 um Hirschhagen geschehen ist, kann man nicht so einfach vorübergehen.»

***

Nach Erscheinen des Zeitungsartikels stand das Telefon bei Dieter Vaupel nicht mehr still. Er erinnert sich an rund 20 bis 30 Anrufe, die ihn erreichten. Viele Anrufer unterstützten die Arbeit und sagten, es sei an der Zeit, sich endlich mit diesem Teil der Geschichte zu befassen. Sie zeigten Empathie für das schreckliche Schicksal der ungarischen Jüdinnen.

Aber es gab auch zahlreiche negative Reaktionen. Ein Anrufer warf Dieter Vaupel vor, Hessisch Lichtenau mit Dreck bewerfen zu wollen. Er solle aufhören, über diese Zeit zu reden. Alles sei vergangen und vergessen. Eine Frau meldete sich, die den Lehrer aufforderte, die Vergangenheit nun endlich ruhen zu lassen, die Frauen aus Ungarn hätten eine gute Zeit im Lager gehabt und seien froh gewesen, dass sie hier sein konnten.

Bei einem Anruf, als sich Dieter Vaupel kurz gemeldet hatte, antwortete ein Mann mit «SS-Sturmbannführer» und sagte, Vaupel solle vorsichtig sein und nicht mehr im Dreck graben, sonst würde ihm und seiner Familie etwas zustoßen. Ein anderer aggressiver Anrufer beleidigte den Lehrer, nannte ihn einen «Rotzjungen» und sagte ihm, er solle sich raushalten, denn er wolle nicht, dass ihm etwas passiere.

Auch berufliche Konsequenzen gab es für Dieter Vaupel. Er hatte sich für eine Leitungsstelle an der Schule in Hessisch Lichtenau beworben und sein Schulleiter machte deutlich, dass er nicht der Richtige sei. Sein Name werde in der Stadt zu negativ diskutiert, zu viel habe er durch seine historische Arbeit aufgewühlt.

Die negativen Reaktionen hinderten Dieter Vaupel und die Jugendlichen jedoch nicht daran, sich weiterhin einmal wöchentlich zu treffen. Sie entschieden, dass ihr nächstes Unterfangen eine öffentliche Präsentation ihrer Erkenntnisse im Februar 1984 sein sollte. Sie würden alle Interessierten aus Hessisch Lichtenau dazu einladen.

***

Während Dieter Vaupel und die Jugendlichen im Herbst ihre wöchentlichen Nachmittagssitzungen abhielten, waren sie sich des Besuchs einer anderen Suchenden in der Vergangenheit ihrer Stadt nicht bewusst. Im September 1983, nur zwei Monate vor der Veröffentlichung des Zeitungsartikels, kam Judith Magyar Isaacson, eine der ungarischen Frauen, die als Teenager von Auschwitz nach Hessisch Lichtenau geschickt worden war, um ihre Erinnerungen für ein Buch, an dem sie schrieb, zu überprüfen. Sie wurde von ihrem Ehemann Irving Isaacson begleitet, einem ehemaligen Geheimdienstoffizier der US-Armee, den sie nach dem Krieg kennengelernt und geheiratet hatte. Judith, die in den USA Mathematik studiert hatte, lehrte am Bates College in Maine, bevor sie dort Dekanin wurde.

Sie hatte alte Lagerbaracken und ein paar Fabrikgebäude ausfindig gemacht. Aber als sie den Einheimischen erzählte, dass sie nach der unterirdischen Fabrik suchte, in der sie gearbeitet hatte, wurde ihr gesagt, dass es einen solchen Ort nicht gebe und sie aufhören solle danach zu suchen. Judith und ihr Mann kehrten ohne Bestätigung ihrer Erinnerungen in die Vereinigten Staaten zurück.

Rückblickend ist Dieter Vaupel überzeugt, dass Judith Isaacson nicht die einzige jüdische Überlebende aus dem Lager Vereinshaus war, die zurückkehrte, um ihre Erinnerungen zu bestätigen, bevor seine Forschungen und die der Schülerinnen und Schüler öffentlich wurden. So schrieb zum Beispiel Rosalia Valyi, die ebenfalls im Lager Vereinshaus gewesen war, am 27. Februar 1987 an Dieter Vaupel:

> Einmal sind wir nach Hessisch Lichtenau gefahren, konnten aber keine Auskunft darüber bekommen, wo sich das Lager befand. Offensichtlich wollten sie sich nicht erinnern. Und weil sich seitdem alles so verändert hat, konnten wir nichts sehen. Ich habe die Reise sehr bereut, sie reißt die alten Wunden auf, die ich schon geheilt glaubte.

Dieter Vaupel hatte auch keine Ahnung, dass Kati Kellner Salcer, eine weitere Überlebende des Lagers Vereinshaus, die damals mit ihrem Mann in New York City lebte, nie über das Lager und die Fabrik sprach, und das nicht nur, weil es schreckliche Erinnerungen wachrief. Niemand hatte Katis Geschichte von dieser riesigen unterirdischen Sprengstofffabrik mit Tausenden von Arbeitern geglaubt, nicht einmal ihr eigener Mann, der die Geschichte auf traumatische Erinnerungen zurückführte. Wie könnte ein solcher Ort existieren, fragte er sich, wenn es keine historischen Aufzeichnungen gibt? Es war einfacher für Kati, nie darüber zu sprechen.

Die Arbeit von Dieter Vaupel und jungen Leuten hatte tiefgreifende Auswirkungen auf die jüdischen Frauen und Mädchen, die das Lager Vereinshaus überlebten, und sie wiederum beeinflussten die Menschen in Hessisch Lichtenau.

Kapitel 8
Öffentlich machen

Dieter Vaupel und seine Schülerinnen und Schüler, die sich seit dem Tag der offenen Tür in ihrer Schule einmal wöchentlich trafen, hatten Ende 1983 mit ihrer Forschung über die im Lager Vereinshaus internierten jüdischen Frauen und Mädchen bedeutende Fortschritte gemacht. Ein weiterer Artikel über ihre Arbeit in der Lokalzeitung *Hessisch Niedersächsische Allgemeine (HNA)* hatte mehr als fünfzehn Telefonanrufe und eine Reihe von Briefen mit neuen Informationen und Hinweisen eingebracht.

Dann, Anfang Dezember, erhielten sie einen erstaunlichen Brief als Antwort auf eine Anfrage, die sie an die Zentrale Stelle der Landesjustizverwaltungen in Ludwigsburg, die Hauptstelle in Deutschland zur Aufklärung von NS-Kriegsverbrechen, gestellt hatten. Aus dem Schreiben ging hervor, dass im Lager Vereinshaus in Hessisch Lichtenau eine förmliche Untersuchung wegen der Tötung von Häftlingen stattgefunden hatte. Die Ermittlungen begannen 1967 von Ludwigsburg aus und wurden dann bis zu ihrer Einstellung 1976 von der Staatsanwaltschaft Kassel geführt.

Dem Schreiben zufolge befanden sich im Lager Vereinshaus durchschnittlich 900 Frauen, bewacht von 25 SS-Männern und 40 SS-Frauen. Die Ermittler befragten ehemalige Häftlinge aus dem Lager, die in unterschiedlichen Ländern ausfindig gemacht werden konnten, sowie frühere Angehörige der SS-Wachmannschaft. Im Mittelpunkt der Ermittlungen standen der Lagerleiter Kom-

50 Stellvertretender Lagerleiter Ernst Zorbach in den 1930er-Jahren *(Bundesarchiv Berlin)*

mandoführer Wilhelm Schäfer und sein Stellvertreter als die mutmaßlich Verantwortlichen für die Tötung von Häftlingen. Sie wurden auch beschuldigt, kranke und schwangere Gefangene nach Auschwitz zurückgeschickt zu haben, wo sie ermordet wurden.

Dieter Vaupel antwortete sofort, dass er daran interessiert sei, mehr zu erfahren. Kurz darauf fuhr er nach Ludwigsburg und durfte dort Einsicht in die Ermittlungsakten nehmen. Im Januar 1984 recherchierte er in Kassel in den Akten. Besonders faszinierten und bewegten ihn die Schilderungen der jüdischen Frauen und Mädchen über ihre Lebens- und Arbeitsbedingungen im Lager und in der Fabrik. Er erfuhr auch, dass die Ermittlungen 1976 von der Staatsanwaltschaft Kassel eingestellt wurden, weil der Lagerleiter Wilhelm Schäfer nicht mehr ausfindig gemacht werden konnte und die Identität des Stellvertreters unbekannt blieb.

Einige Jahre später führte Vaupel eine detailliertere Untersuchung durch. Analysen im Rahmen seiner Doktorarbeit zeigten, dass einige der Ermittlungen der Staatsanwaltschaft bestenfalls oberflächlich waren. Es war wenig Mühe darauf verwendet worden, den damaligen Aufenthaltsort von Kommandoführer Willi Schäfer zu ermitteln. Es war auch behauptet worden, Schäfers Stellvertreter könne nicht identifiziert werden. Aus den Interviews und Aufzeichnungen der Überlebenden konnte Dieter Vaupel jedoch leicht feststellen, dass es sich bei diesem Mann um den SS-Oberscharführer Ernst Zorbach handelte, der noch in den 1990er-Jahren in Essen lebte.

***

Dieter Vaupel verließ die Staatsanwaltschaft Kassel, «bewaffnet» mit einer Liste mit den Adressen einiger befragter jüdischer Frauen und Mädchen. Die Namen und Adressen von Frauen und Mädchen zu haben, deren Schicksal er und seine Schüler seit zehn Monaten verfolgten, machte ihre harte Arbeit mehr als lohnenswert. Er beschloss, dass er allen Frauen auf der Liste schreiben würde.

Der Lokalzeitung teilte er mit, was er aus den Ermittlungsakten erfahren hatte. Am 3. Januar 1984 brachte die *HNA* einen Artikel mit dem Titel «Justiz bestätigt Angaben über KZ-Außenkommando.» Nach Erscheinen des Artikels gab es abermals viele Reaktionen. Eine Bewohnerin von Hessisch Lichtenau berichtete davon, drei Jüdinnen bei der Flucht aus dem Lager geholfen zu haben, und legte ein Dankesschreiben vom 8. April 1947 vor.

Diese Frauen waren unter einem Zaun des Lagers Vereinshaus hindurch geflohen, in den Wald gerannt und wurden nie gefunden. Bei seinen Recherchen stellte Dieter Vaupel später fest, dass sie sich im Wald versteckt gehalten hatten, bis amerikanische Truppen Hessisch Lichtenau am 2. April 1945 eingenommen hatten. Nach dem Einmarsch der Amerikaner lebten sie bis Mitte Mai bei einer Familie in Fürstenhagen.

Am 11. Januar 1984 veröffentlichte die *HNA* einen Folgeartikel über den Fortgang der Forschungen: «Historische Wahrheit nicht unter Teppich kehren». Vaupel, so wurde berichtet, habe seit dem *HNA*-Artikel vom 3. Januar Anrufe und Briefe erhalten:

> Die positiven Reaktionen hätten dominiert, allerdings seien auch Drohungen gegen den Autor ausgestoßen worden: Er solle sich raushalten und «nicht im Dreck wühlen».

Über diejenigen, die ihn kontaktierten, sagte Vaupel:

> Anrufer und auch Briefschreiber machten deutlich, wie viel menschliche Hilfe die jüdischen Frauen – trotz Androhung härtester Strafen – von der Lichtenauer Bevölkerung und den Arbeitern im Werk zu Teil wurde (Zustecken von Essbarem, Zuwerfen von Kleidungsstücken). Sicher hätte manch eine dieser Frauen die Lagerzeit ohne diese Hilfe nicht überlebt.

Dieter Vaupel stellte auch kar, dass er nicht daran interessiert war, die Namen von Menschen aus Hessisch Lichtenau in dem Buch zu verwenden, das er schreiben wollte. Ein Problem, von dem er wusste, dass es in der Stadt viele Diskussionen darüber gab. Sein Ziel sei es, etwas über die jüdischen Frauen und Mädchen zu erfahren und ihr Schicksal zu dokumentieren.

Auch Bürgermeister Ingo Geisler aus Hessisch Lichtenau wird in dem Artikel zitiert: «Das Thema ist nun in der Öffentlichkeit und muss erörtert werden. Wir können die historische Wahrheit nicht unter den Teppich kehren.» Zugleich äußerte der Bürgermeister öffentlich die Sorge, dass Menschen durch eine «falsche Bewertung» des historischen Materials nachhaltig in ihrem Ansehen geschädigt würden. Geisler sagte: «Das Thema berührt alle». Auch müsse diskutiert werden, wie die Erinnerung an die Opfer der NS-Zeit wachgehalten werden solle.

***

Vaupels Arbeit blieb in der Stadt weiterhin spaltend. In der Öffentlichkeit verstärkte sich die Debatte über die zutage geförderten Ergebnisse, wobei viele Menschen Skepsis und Zweifel äußerten. Dieter Vaupel und die Schülerinnen und Schüler waren der Meinung, dass es an der Zeit war, die Fakten ans Licht zu bringen und ihre Forschungsergebnisse öffentlich zu präsentieren.

Gemeinsam entschieden sie auch, dass angesichts der hitzigen Art, in der das Thema behandelt wurde, die Schülerinnen und Schüler zwar an der Präsentation teilnehmen sollten, aber nur Dieter Vaupel sprechen würde. Er wusste, dass die Fakten klar, prägnant und überzeugend dargestellt werden mussten. Keiner der Jugendlichen fühlte sich in der Lage, so etwas öffentlich zu leisten.

Bei der Planung einer öffentlichen Präsentation stießen sie schon bald auf ein Hindernis: Es war nahezu unmöglich, einen Veranstaltungsort zu finden. Die Aula der Schule war keine Option, da die Schulleitung ihre Arbeit als zu kontrovers erachtete. Auch der Bürgermeister kam ihnen bei der Raumfrage nicht entgegen. Dann trat Dr. Ernst Fröhlich, Vorsitzender des Burgvereins Reichenbach, an Vaupel heran. Der Burgverein bestand aus einer Gruppe von heimatgeschichtlich Interessierten, die sich besonders dem Dorf Reichenbach widmeten, einem Ortsteil von Hessisch Lichtenau, etwa fünf Kilometer von der Stadt entfernt.

Dr. Fröhlich war der Meinung, dass das, was sich in der Fabrik in Hirschhagen und im KZ-Außenlager am Rande der Stadt Hessisch Lichtenau ereignete, nicht aus der Geschichte getilgt werden dürfe, man müsse sich damit befassen. Am 10. Februar1984 sollte in Reichenbach eine öffentliche Präsentation im Heimatmuseum stattfinden, das in einem altem Fachwerkgebäude, dem sogenannten Sippelschen Hof, neben der Dorfkirche untergebracht war.

Dieters Vater, Karl Vaupel, war in Reichenbach aufgewachsen. Seine Vorfahren hatten ihre Wurzeln in Reichenbach. Dieters Großvater und seine Großmutter verbrachten ihr gesamtes Leben in dem kleinen Dorf. Großvater Georg hatte einen kleinen Bauernhof und war außerdem als Wagner tätig, der hölzerne Erntewagen, Handkarren und Holzräder herstellte und reparierte. Später wählte man ihn zum Bürgermeister des Dorfes.

Nur wenige Tage vor der geplanten Präsentation erhielt Dieter Vaupel weitere wichtige Informationen. Auf seine Anfrage hin kam ein Päckchen aus Auschwitz. Es enthielt einen Film mit einer 17-seitige Liste mit den Namen aller Frauen, die nach Hessisch Lichtenau geschickt worden waren, sowie weitere Dokumente über die SS-Bewacher und den Rücktransport von 206 Frauen aus Hessisch Lichtenau nach Auschwitz, wo sie nach ihrer Ankunft sofort vergast worden waren.

Auch diese Informationen teilte Dieter Vaupel mit der *HNA*. Die Zeitung brachte am 8. Februar 1984 einen Artikel unter der Überschrift: «Dokumente aus

Polen ergänzen Nachforschungen über KZ-Außenkommando: Von Hess. Lichtenau nach Auschwitz ‹überstellt›».

> Wenn man sich den Schriftwechsel zwischen dem ‹SS-Kommando Lager Vereinshaus Hessisch Lichtenau› und der Verwaltung des Konzentrationslagers Weimar-Buchenwald ansieht, so kann einen das Grauen über soviel Nüchternheit und Sachlichkeit packen [...] Selbst die Vernichtung von Menschen musste nach Vorschrift ablaufen

sagte Vaupel der Zeitung. Der Artikel kommentiert die Dokumente, die der Lichtenauer Lehrer aus Auschwitz erhalten hatte, darunter ein offizielles Schreiben der Sprengstofffabrik, durch das Frauen aus der Belegschaft des Werkes zu einem Ausbildungskurs als SS-Helferinnen für das Lager Vereinshaus verpflichtet wurden. Sie sollten für Überwachungs- und Betreuungsdienste der Jüdinnen eingesetzt werden. Die Frauen hatten bei dieser Auswahl zur SS-Helferin keine Möglichkeit, dies abzulehnen. Der Kurs fand im KZ Ravensbrück statt

***

Als der Präsentationstermin näher rückte, gingen die Kontroversen und Drohungen weiter. Dieter Vaupel wurde immer wieder gesagt: «Lass die Vergangenheit in Ruhe, das interessiert doch niemanden mehr.» Ein Anrufer sagte dem Vater von zwei kleinen Söhnen, sogar, er solle «die Finger davon lassen», sonst passiere ihm und seiner Familie etwas. Er nahm die Drohungen bis zum Tag vor der Präsentation zunächst nicht ernst.

Einer der Schüler aus der Gruppe kam jedoch zu ihm und erzählte, dass Leute aus seinem Wohnort Fürstenhagen, angekündigt haben, an diesem Abend zu kommen, um Dieter Vaupel zu verprügeln.

Diese Warnung schien sehr konkret zu sein, und zum ersten Mal hatte er Angst, dass sie erst gemeint sein könnte. Er überlegte, die Veranstaltung abzusagen. Da er nicht wusste, wie er sich entscheiden sollte, wandte sich Dieter Vaupel hilfesuchend an seinen Vater.

Dieter hatte schon immer ein enges Verhältnis zu seinem Vater Karl. Sie hatten viele Gespräche im Laufe der Jahre geführt. Selbst während der studentenbewegten Zeit der 1968er-Jahre, als es viele Generationenkonflikte gab, Dieter lange Haare trug und Autoritäten in Frage stellte, blieben er und sein Vater weiter im Gespräch, auch wenn sie sich nicht immer einig waren. Aber es gelang ihnen, sich gegenseitig in ihrer Meinung zu respektieren.

Vollbogen vorhanden Frauen

Politische Abteilung Weimar-Buchenwald, den 19. Sept. 1944.

Neuzugänge vom 19. Sept. 1944. 1000

1000 weibl. Häftlinge vom KL. Auschwitz nach Außenkdo Hess. Lichtenau. (Jüdinnen)

Politische Ungarinnen (Jüdinnen)

Nr.	Häftl.-Nr.	Name	Vorname		Geb.-Datum	Geb.-Ort	Beruf
1.	20006	Acs, Magda		ld	6. 2.16	Szatmarnemethy	Professor.
2.	20002	Adler	Arany	ld	15.10.23	Aknaszlatina	Näherin
3.	20003	Adler	Blanka	ld	18. 6.27	"	Studentin
4.	20004	Adler	Terez	ld	18. 6.04	Mezökövesd	ohne B.
5.	20005	Adler	Zelma	vh	17. 3.02	Erdöbénye	ohne B.
6.	20007	Alföldi	Klara	vh	12.12.06	Budapest	Weberin
7.	20973	Almasi	Irma	vh	22. 8.06	Szekelyszentersebet	ohne B.
8.	20016	Alschuh	Etus	ld	15.11.24	Karoshevis	Näherin
9.	20011	Altbach	Rozalia	ld.	24. 3.12	Zagony	ohne B.
10.	20008	Altmann	Klara	ld	21. 8.26	Porosalo	Studentin
11.	20009	Altmann	Maria	vh	17. 9.06	Tapolca	ohne B.
12.	20010	Altmann	Zsuzsa	ld	27. 6.27	Porosslo	Studentin
13.	20015	Apfel	Erzsebet	vh	9. 4.02	Tolna-Tamasi	ohne B.
14.	20012	Apter	Eszter	ld	2. 3.26	Borsa	ohne B.
15.	20020	Ascher	Margit	ld	28. 4.23	Garamszentgyörgy	"
16.	20019	Ascher	Viola	ld	21. 5.21	Garamszentgyörgy	"
17.	20017	Ausch	Laura	ld	13. 6.20	[illegible] Makofalva	Köchin
18.	20018	Ausch	Margit	vh	13.11.09	Szombathely	ohne B.
19.	20972	Ausch	Piroska	ld	19.12.22	Makofalva	Köchin
20.	20014	Ausländer	Ella	ld	4. 1.20	Görömböly	ohne B.
21.	20013	Ausländer	Hajnal	ld	23. 9.22	Sata	Näherin
22.	20038	Balajti	Zsuzsanna	ld	27. 7.23	Miskolc	Näherin
23.	20034	Balaga ss	Zsuzsanna	ld	31. 7.17	Zalaegerszeg	ohne B.
24.	20068	Balassa	Judit	ld	15.11.21	Budapest	Studentin
25.	20048	Balasz	Erzsebet	ld	4. 8.04	Igar	ohne B.
26.	20033	Balasz	Erzsebet	vh	17. 8.06	Paks	ohne B.
27.	20051	Balint	Ilona	vh	24.12.11	Sarvar	ohne B.
28.	20050	Barany	Ilona	29.	9.00 vh	Vese	ohne B.
29.	20109	Baron	Rosa	vh	26. 4.04	Pakod	ohne B.
30.	20108	Baron	Rozsi	ld	9. 3.17	Zalakoppany	ohne B.
31.	20107	Baron	Sara	ld	16. 0.20	Pacsa	ohne B.
32.	20046	Bartos	Margit	ld	5. 3.06	Keszthely	Kleidermeist.
33.	20045	Bauer	Iren	vh	6. 2.10	Devecser	ohne B.
34.	20082	Baum	Magda	ld	5. 5.20	Budapest	ohne B.
35.	20100	Baumgarten,	Marta	ld	6. 9.28	Bojt	ohne B.
36.	20101	Baumgarten	Iren	vh	14. 8.07	Bojt	ohne B.
37.	20043	Bauml Baumöhl	Edith	ld	10. 2.26	Ozd	ohne B.
38.	20021	Bayer wm	Olga	vh	23. 4.10	Balassagyarmat	Schneiderin
39.	20125	Benda a	Katalin	ld	30.11.23	Sajovelezd	Näherin
40.	20124	Benda	Magda	ld	25. 5.21	"	Näherin
41.	20123	Benda	Margit	ld	8. 5.23	Barcika	Näherin
42.	20122	Benda	Sari	ld	30.12.22	Sajovelezd	ohne B.
43.	20049	Bender	Eva	ld	20. 9.12	Zalalövö	ohne B.
44.	20070	Benedek	Gizella	vh	28. 2.07	Hegyfalu	ohne B.
45.	20076	Berger	Edith	ld	10. 6.16	Budapest	Lehrerin
46.	20080	Berger	Iren	ld	19.11.14	Pacsa	ohne B.
47.	20074	Berger	Irene	vh	18. 4.02	Mohacs	Pflegerin
48.	20073	Berger	Irma	vh	25. 9.05	Zamardi	ohne B.
49.	20081	Berger	Kornelia	ld	26.12.15	Pacsa	ohne B.
50.	20079	Berger	Lenke	17.	4.17 ld	Pacsa	ohne B.

0012322

51 Seite 1 der 17-seitigen Transportliste nach Hessisch Lichtenau *(Archiv Auschwitz-Birkenau)*

52 Sippelscher Hof in Reichenbach. Hier fand die erste öffentliche Präsentation der Projektergebnisse statt *(Burgverein Reichenbach)*

Dieter erzählte seinem Vater von seinen Ängsten vor der Präsentation. Er war hin- und hergerissen, was er tun sollte. Wäre es feige, die Veranstaltung abzusagen? Er wusste, dass er das große Glück hatte, in einer Demokratie zu leben, in der ihn das Rechtssystem schützen würde. Er dachte daran, wie viele Menschen während der Nazizeit wegen ihrer abweichenden Meinungen eingeschüchtert, verhaftet und misshandelt wurden.

Karl Vaupel sagte seinem Sohn Worte, die er nie vergessen hat: «Dir wird nichts passieren. Ich komme heute Abend mit dir, damit du nicht alleine dorthin gehen musst.»

***

Die *HNA* schrieb über die Präsentation in einem Artikel vom 11. Februar 1984:

> Erste Diskussionsrunde über KZ-Außenkommando – Unterschiedliches Echo: Von Vergangenheit eingeholt». Das Blatt berichtete, dass Dr. Ernst Fröhlich, der als Erster das Wagnis einging, das brisante Thema öffentlich zu diskutieren, die Einführung bei der gut besuchten Veranstaltung hielt.

> Er sagte den Zuhörern: «Wir wollen wissen, was in Hess. Lichtenau wirklich los war» und fügte hinzu: «Man muss sich um die historische Wahrheit bemühen.»

Während seines Vortrages mit Diashow präsentierte Dieter Vaupel die Fakten aus den Ermittlungsakten und Dokumente aus Auschwitz. Aber er berichtete auch darüber, dass die jüdischen Frauen und Mädchen von Hess. Lichtenauer Bürgerinnen und Bürgern, trotz der Gefahr für ihr Leben heimlich mit Nahrung und Kleidung unterstützt wurden.

Die Reaktionen auf die Präsentationveranstaltung waren gemischt. Die *HNA* berichtete:

> Während die jüngeren Bürger dazu neigen, sich für die umgehende Aufhellung der jüngsten Geschichte der Stadt einzusetzen, stießen die Berichte bei älteren Lichtenauern auf Empörung. Dunkle Erinnerungen werden wach, man fürchtet um das Ansehen der Stadt. Soll das wirklich alles noch einmal aufgerührt werden? Klang in der Diskussion die Frage durch. Ein älterer Bürger warnte sogar davor, den in Lichtenau umgekommenen Jüdinnen einen Gedenkstein zu setzen. Man dürfe nicht das eigene Nest beschmutzen. Schlimm sei es in der schrecklichen NS-Zeit auch anderswo gewesen.

Ein Teilnehmer regte an, in Hessisch Lichtenau eine Gedenktafel nicht nur für die Jüdinnen, sondern für alle Opfer des Dritten Reiches aufzustellen. «Warum sollte an die Jüdinnen besonders erinnert werden?», warf er ein. Denn: Bei mindestens drei Unfällen in der Sprengstofffabrik gab es insgesamt fast 200 Tote.

Ein anderer Zuhörer wies darauf hin, dass es Widersprüche in Vaupels Forschung gäbe: Waren es 800 oder 1.000 Jüdinnen? Welchen Daten soll man Glauben schenken? Allerdings stießen solche Berechnungen auf wenig Verständnis. Ein Zuschauer kommentierte: «Ob es 800, 1.000 oder nur 300 Jüdinnen waren, es war schlimm genug ...»

Dr. Fröhlich beendete den Abend damit, dass er Dieter Vaupels Version der Ereignisse im Grundsatz akzeptierte, man müsse manches aber relativieren. In Hessisch Lichtenau sei kein Vernichtungslager, sondern ein Arbeitslager gewesen. Nach seinen Erkenntnissen wurden nie Jüdinnen erschossen. Auch die Existenz eines Galgens im Lager wurde von ihm bezweifelt.

Als nach dem Ende des offiziellen Teils Zuhörer auf Dieter Vaupel zukamen, wusste er nicht, was ihn erwarten würde, aber er wusste, dass sein Vater an seiner Seite war. Er war erleichtert, als diese Leute sagten, sie würden seine Forschungen unterstützen. Nach einigen Diskussionen kamen sie auf die Idee, ein Geschichtsprojekt mit interessierten Mitgliedern aus der Stadt zu starten. Niemand hat Dieter Vaupel in dieser Nacht bedroht oder versucht, ihn zu verprügeln.

***

Nachdem er in den Ermittlungsakten in Kassel Adressen von Überlebenden des Lagers Vereinshaus gefunden hatte, schrieb Vaupel die Frauen an. Seine erste Antwort erhielt er kurz nach seiner öffentlichen Präsentation. Sabine Gross schrieb Anfang März 1984 an Dieter, im April 1984 kam ein Brief von Esther Fuchs. Beide Frauen lebten inzwischen in Israel.

Sabine Gross — Haifa, 2. März 1984
Haifa Israel

Sehr geehrter Herr Dieter Vaupel,

Vielen Dank für Ihr freundliches Schreiben vom 31. Januar 1984. Ich wundere mich woher Sie meine Adresse bekommen haben?

Ich werde bald 80 Jahre und mein Gedächtnis ist schon nicht mehr so gut, aber ich schreibe Ihnen alles woran ich mich noch erinnern kann.

Im Juni 1944, als ich 40 Jahre alt war, wurde ich von Ghetto Satmar nach Auschwitz deportiert. Von SS-Männern wurde ich nackt ausgezogen und mit einer elektrischen Rasiermaschine wurden alle Kopf- und Körperhaare abgeschnitten. Dann durfte ich ein paar alte Kleider anziehen, die nur noch Fetzen waren., aber ohne Unterwäsche.

Wir Frauen wurden mit Stöcken geschlagen und mit Füßen getreten, mussten stundenlang Appellstehen. Wir bekamen so wenig und so schlecht zu essen, dass wir alle immer hungrig waren und schrecklich abgemagert und ganz von Kräften waren.

Nach der Überführung nach Hess. Lichtenau in das Lager «Vereinshaus» mussten wir täglich lange zu Fuss bergauf und bergab zur Arbeit gehen. (Zementfabrik in Fürstenhagen). Von zeitig früh bis 4 Uhr nachmittags musste ich schwere Betonstücke tragen. Von alldem sind meine Beine so geschädigt, dass ich Invalidin bin und an meinem Rücken sieht man noch heute die Narben vom Tragen der Betonstücke.

Gegen Ende Januar 1945 war es sehr kalt. Trotzdem mussten wir so wie immer zur Arbeit marschieren. Meine linke Gesichtshälfte ist mir gefroren und ich bekam eine Nervenentzündung, die bis heute unheilbar ist. Man musste mir alle meine Zähne ziehen.

Das Essen bestand aus einer dünnen Scheibe sehr schlechtem Brot und einigen Scheiben Kartoffeln. Dies musste sowohl für das Frühstück als auch für das Mitagessen reichen. Nach der Rückkehr von der Arbeit bekamen wir eine dünne schlechte Suppe.

Anschließend mussten wir Apell stehen. Bis 7 Uhr abends, dann wurden wir in die kalte und feuchte Baracke entlassen und da gab es viele Ratten.

Anfang Mai 1945 wurden wir von westlichen Truppen befreit.

Ich kann Ihnen nicht mehr berichten, da ich vieles vergessen habe und nicht an diese schreckliche Zeit denken will. Doch hoffe ich, Ihrer jungen Generation ein kleines Bild der damaligen Zeit gegeben zu haben. Mein Schicksal war. Trotz aller Leiden, nicht so schwer wie das vieler anderer, die grausamst gefoltert und gemordet wurden.

Sabine Gross

Esther Fuchs — Kiriat Ono, den 24. April 1984

Sehr geehrter Herr Vaupel,

als Antwort auf Ihren Brief kann ich folgendes mitteilen: Nach 40 Jahren ist es schwer und bitter, darüber nachzudenken. Von nelner Familie mit neun Kindern slnd nur vier am Leben geblieben. ler Faschismus hat nach der Einlieferung ln das KZ Auschwitz unsere Seelen getötet. Als hätten wir keinen Namen und keine Familie gehabt, haben sle uns den Namen SAUJUDE gegeben! Ja, so hat das angefangen!

Auf Ihre Fragen teile lch Ihnen das Folgende mit:
1/ Kurze Zeit nach der Einlieferung in Auschwitz haben sie uns in Waggons gesteckt und nach Hessisch-Lichtenau transportiert.

2/ Vom Bahnhof aus hat uns die SS-Wachmannschaft in das KZ-Lager Hessisch-Lichtenau, ich kann mich dabei an ein großes Tor erinnern, gejagt. Dies geschah nicht ohne Prügel und die Beschimpfung «Saujude»!

3/ Beim ersten Anblick haben wir gesehen, daß das Lager viel besser ausgerüstet war als Auschwltz. Wir dachten, daß die Barracken sauber seien, wir hatten Kojen und als Hauptsache Wasser. Wir konnten trinken und uns säubern. Unsere eigene Ausrüstung war miserabel, Fetzen als Kleider und Holzschuhe haben wir gehabt, Unterwäsche gar keine. Die Ernährung war auch sehr schlecht. Wasserbrühe mit 50 gr Brot am Tag. Damit mußten wir schwer arbeiten, 10–12 Stunden pro Tag.

4/ Im Lager war ein Lagerführer namens Willi, er hat den täglichen Appell gemacht und uns mit verschiedenen Dingen geplagt. Stundenlang hat er uns in Regen, Kälte und Wind stillstehen lassen. Die SS-Wachmannschaft und die SS-Aufseherinnen haben uns geschlagen, beschimpft und geplagt.

Einmal wollte der genannte Willi jeder zehnte von uns totschießen lassen. Er hat gesagt, daß ein Wachmann ein Stückchen Fleisch gefunden hat, das wir saujüdischen Huren klauen wollten, ob es wahr ist, weiß ich nicht. Hauptsache, daß er uns seelisch foltern konnte. Die SS-Wachmannschaft zusammen mit den SS-Aufseherinnen waren Sadisten, grob und haben jeden Moment ausgenutzt uns zu foltern, prügeln und beschimpfen. Die haben einen Sport daraus gemacht, wer grober und unmenschlicher ist.

5/ Der Weg zur Arbeit: Der Arbeitstplatz war weit weg, sie haben uns am Bahnhof einwaggoniert und wir sind eine Weile mit dem Zug gefahren. Dann wurden wir ausgeladen und ungefähr 1 ½ Stunden gelaufen und dasselbe zurück. Bei solchen Lebensbedingungen, die wir gehabt haben und dazu 10–12 Stunden Arbeit pro Tag, war es sehr schwer. Die Arbeitsplätze waren im Wald und in der Munitionsfabrik. Ich kann mich erinnern, daß einmal sehr viel Schnee lag, uns wir konnten mit unseren Holzsohlenschuhen nicht so schnell gehen, wie es die Wachmannschaft wollte. Die SS-Mannschaft und die SS-Aufseherinnen haben uns den ganzen Wg geprügelt und geschimpft. Mit Fußtritten und Prügeln haben sie uns bis zur Arbeitsstelle gejagt und dann mußten wir zehn Stunden lang arbeiten. Wir haben Angst gehabt vor dem Weg zurück zum Lager.

6/ Die Arbeitsstellen waren, wie ich schon bemerkt habe, in der Munitionsfabrik und im Wald. Im Wald haben wir einen Wasserauslaß gegraben und Holz gehackt und gestapelt. In der Munitionsfabrik haben wir Granaten gestapelt und gepackt. Einmal ist mir eine Granate Auf den Fuß gefallen, aber ich mußte weiterarbeiten ohne ärtzliche Hilfe, bis die Wunde von selbst geheilt war.

7/ In Oktober 1944 sind fremde SS-Männer in unser Lager gekommen und haben zusammen mit der SS-Wachmannschaft und den SS-Aufseherinnen aus dem sogennnten Krankenrevier alle Kranken herausgejagt. Danach sind sie noch ins Lager gekommen und haben auch von dort noch viele gemeinsam mit den Kranken weggeschleppt. Wohnin, das wußten wir nicht.

Wir haben nur gehört, daß damals 206 Frauen selektiert und liquidierit wurden. Die sogenannte Selektion hat die SS ohne Arzt und Untersuchung gemacht, mit prügeln und foltern, unmenschlich und sadistisch.

8/ Mich selber hat ein Mann mit Namen Stiefpapa blutig geschlagen und Fußtritte in den Leib gegeben, weil ich nicht so stillgestanden hatte, wie er das wollte. Dies war auch ein Weg, die sadistische Seele der SS auszutoben. Auch die anderen SS-Männer und SS-Aufseherinnen haben jeden Moment ausgenützt, um uns zu foltern zu prügeln und unsere Seele totzuschlagen.

9/ Evakuierung: Vom Lager aus sind wir im Zug losgefahren mit dem Ziel Leipzig. Dort wurden wir ausgeladen und zu Fuß hin und her gejagt, weil die amerikanische und russische Armee rund um Leipzig war. Dort sind wir zu Fuß gegangen, ohne zu essen und zu trinken, in Kälte und Regen. Die SS-Männer und Aufseherinnen waren grob und Sadisten bis zum letzten Moment. Von Tag zu Tag waren dann weniger SS und Aufseherinnen bei uns. Die sind «heldisch» geflüchtet!

Endlich, in der Stadt Wurzen haben uns dann die Amerikaner befreit, in die dortige Kaserne gebracht, uns Verpflegung, Kleider und ärztliche Versorgung gegeben. Nach einer Weile haben uns Tschechen einwaggoniert und in die tschechiche Stadt Nachod gebracht. Von dort sind wir nach hause gegangen.

10/ Von dieser Zeit habe ich leider keine Papiere und Fotografien, deshalb kann ich Ihnen nichts schicken.

Zum Schluss: Mein lieber Herr, Sie können sich nicht in unser Leben hineinversetzen. Was es für mich bedeutete, als ich zu Hause eintraf und die bittere Wahrheit erfuhr, daß Vater, Mutter und fünf Brüder und Schwestern nicht aus dieser Hölle zurückgekommen sind. Können Sie sich vorstellen, in welchem selischen Zustand wir zurückgebliebenen waren? Wir haben immer in unserem kleinen Dorf gewohnt, Vater hat im Wald Holzkohle gemacht und sie in der Stadt von Haus zu Haus verkauft, damit wir zu essen hatten und unseren bescheidenen Unterhalt.

Da ich nicht deutsch spreche, habe ich alles meinem Schwager erzählt. Er hat auch die ganze Hölle mitgemacht und nach 1945 wollte er nicht mehr deutsch sprechen, schreiben und lesen. Ich habe ihm befohlen, diesen Brief zu schreiben.

Esther Fuchs

Kapitel 9
Geschichtswerkstatt

Als Reaktion auf die öffentliche Vorstellung des Themas und die Diskussionen, die dadurch hervorgerufen wurden, setzte Ingo Geisler, Bürgermeister von Hessisch Lichtenau, einen formellen Arbeitskreis ein. Er wurden beauftragt, die Geschichte der Sprengstofffabrik und der zugehörigen Lager gemeinsam mit zwei Historikern zu recherchieren. Diese sollten regelmäßig über die Ergebnisse in dem Arbeitskreis berichten. Einige engagierte Bürger wollten jedoch gerne schneller vorankommen, damit die NS-Zeit nicht wieder in Vergessenheit geriet.

Diese Basisbewegung der Bürgerinnen und Bürger vor Ort entstand kurz nach Vaupels Vortrag. Zwei Lichtenauer, Jürgen Jessen und Gisela Höfert, ergriffen dabei die Initiative. Jessen lebte mit seiner Familie in Hessisch Lichtenau und unterrichtete in einer Schule in Witzenhausen, zwanzig Kilometer entfernt. Gisela Höfert war eine Lichtenauerin, deren Mutter zu den mehr als 2.000 Deutschen gehört hatte, die in Hirschhagen arbeiten mussten.

1985 bestand die Gruppe aus etwa zehn Personen, darunter auch Dieter Vaupel, und sie unternahmen erste Schritte zur Gründung einer dauerhaften Geschichtswerkstatt mit dem Ziel, das Erinnern zu fördern. Als Erstes wollten sie erreichen, dass auf dem Gelände des ehemaligen Lagers Vereinshaus, auf dem eine Grundschule, ein Kindergarten und ein Teil der Freiherr-vom-Stein-Schule standen, ein Gedenkstein für die jüdischen Frauen und Mädchen errichtet wird.

Die Geschichtsgruppe wusste, dass es nicht einfach sein würde, Unterstützung für diesen Vorschlag zu gewinnen. Viele in der Stadt bestanden darauf zu betonen, dass die Jüdinnen nicht die Einzigen waren, die während des Naziregimes gelitten hatten. Also warum sollten sie die Einzigen sein, denen mit einem Denkmal gedacht wurde?

Gestützt auf die Ergebnisse der Projektwochengruppe, ergänzt durch Forschungen, die Dieter Vaupel für seine wissenschaftlichen Artikel und das Buch von 1984 über jüdische Frauen und Mädchen gesammelt hatte, bemühte sich die Geschichtsgruppe, andere davon zu überzeugen, dass das Leid der Jüdinnen weitaus größer war, als das der Zwangsarbeiter aus anderen Ländern.

Die Recherchen ergaben, dass die Nazis bei der Behandlung der Arbeiterinnen und Arbeiter in Hirschhagen eine klare Hierarchie hatten. Es überrascht nicht, dass die Deutschen an der Spitze standen. Viele deutsche Männer wurden als Bauarbeiter eingesetzt und deutsche Frauen kamen im Rahmen ihrer Dienstpflicht in die Fabrik.

Nach den Deutschen folgten in der Hierarchie die sogenannten Westarbeiter – die Belgier, Holländer und Franzosen. Sie erhielten eine Schutzausrüstung, wurden gut genug ernährt und bekamen sogar eine Auszeit, um sich zu entspannen und in ihrer «Sonntagskleidung» zu posieren. Offiziell war eine «Verbrüderung» zwischen deutschen und ausländischen Arbeitern nicht erlaubt. Nichtsdestotrotz würden die beiden Gruppen außerhalb der Arbeiterinnen und Arbeiter Kontakte knüpfen.

Polnische Zwangsarbeiter und Kriegsgefangene aus der Sowjetunion galten als kaum eine Stufe höher als die Jüdinnen. Die Nazis kennzeichneten diese Arbeiter, um sie leicht von anderen Zwangsarbeitern zu unterscheiden; die Russen hatten ein «OST»-Abzeichen auf ihrer Kleidung und die Polen ein «P».

Russen und Polen lebten unter ähnlich miserablen Bedingungen wie die jüdischen Frauen und Mädchen. Im Lager Esche in Eschenstruth waren russische und ukrainische Frauen und Mädchen in einem Barackenlager zusammengepfercht, überarbeitet und unterernährt. Im Winter lebten sie zwischen Ratten und Ungeziefer und ohne Heizung.

Es war streng verboten, die russischen und polnischen Zwangsarbeiter zu fotografieren. So gibt es nur wenige Fotos. Ein in Hessisch Lichtenau aufgenommenes Foto zeigt ein russisches Mädchen namens Natasia, das als Zwangsarbeiterin auf einem Bauernhof eingesetzt war.

Die nach Hessisch Lichtenau geschickten jüdischen Frauen und Mädchen hatten noch mehr als Polen und Russen zu ertragen. Sie waren ständig der Gefahr ausgesetzt, zur Vergasung nach Auschwitz zurückgeschickt zu werden. Auch ihre Behandlung durch das Wachpersonal war schlimm. Ohne ersichtlichen

53 Deutsche Angestellte in der Fabrik Hirschhagen, Anfang der 1940er-Jahre *(Privatarchiv Dieter Vaupel)*

54 Holländische Zwangsarbeiter genossen viele Freiheiten, hier in gemütlicher Runde mit deutschen Dienstverpflichteten *(Privatarchiv Dieter Vaupel)*

55–56 Russische und polnische Zwangsarbeiterinnen und Zwangsarbeiter mussten diese Kennzeichnung auf ihrer Kleidung tragen *(Privatarchiv Dieter Vaupel)*.

57 Russisches Mädchen, das Zwangsarbeit auf einem Bauernhof in Hessisch Lichtenau leisten musste, mit dem Sohn der Bauernfamilie auf dem Arm *(Privatarchiv Dieter Vaupel)*

Grund traten, schlugen oder peitschten die SS-Wachleute sie mit Stöcken. Den jüdischen Frauen und Mädchen wurden darüber hinaus die gefährlichsten Arbeiten in der Fabrik zugewiesen.

Die 1.000 jüdischen Frauen und Mädchen aus Auschwitz wurden in die Sprengstofffabrik geschickt, nachdem dort eine Anforderung der Fabrikleitung einging, dass Arbeiterinnen dringend benötigt würden. Sie wurden selektiert, gezählt und aufgereiht, bevor sie auf Viehwaggons nach Hessisch Lichtenau verladen wurden. Diese Frauen und Mädchen gehörten zu den über 430.000 Jüdinnen und Juden, die 1944 aus Ungarn nach Auschwitz deportiert worden waren. Tausende dieser Frauen und Mädchen sollten in der deutschen Rüstungsindustrie arbeiten. Die Sprengstofffabrik in Hessisch Lichtenau war nur ein solches Ziel.

Einige der Frauen und Mädchen, die als Zwangsarbeiterinnen in der deutschen Rüstungsindustrie ausgewählt wurden, sind in Auschwitz fotografiert worden. Ob

58 Jüdische Mädchen und Frauen aus Ungarn, zur Zwangsarbeit für die deutsche Rüstungsindustrie in Auschwitz selektiert *(Archiv Auschwitz)*

die Frauen und Mädchen auf diesen Fotografien nach Hessisch Lichtenau oder in eine andere Rüstungsfabrik geschickt wurden, ist nicht bekannt.

***

Nach über einem Jahr mit vielen Debatten und vielen Diskussionen hatte die Geschichtsgruppe endlich Erfolg; ihr Vorschlag einen Gedenkstein für die Jüdinnen zu errichten, fand im Stadtparlament von Hessisch Lichtenau einhellige Zustimmung aller politischen Parteien.

Doch wie die Lokalzeitung am 19. Juni 1985 berichtete, machte die Stadt denjenigen, die sich darüber aufregten, dass das Denkmal nur für die jüdischen Arbeiterinnen war, ein Angebot: «Darüber hinaus wollen die städtischen Gremien weitere Überlegungen für eine Gedenkstätte für die Opfer von Krieg und Gewalt in Hessisch Lichtenau anstellen.» Es sollte fast 15 Jahre dauern, bis ein Denkmal errichtet wurde, das an die fast 200 Zwangsarbeiter aus verschiedenen Nationen erinnert, die bei Explosionen in der Fabrik getötet wurden.

Die Einweihungsfeier des Gedenksteins für die Jüdinnen fand am 24. April 1986 statt. Rund 150 geladene Gäste nahmen daran teil. Bürgermeister Geisler war sich der Streitigkeiten um das Denkmal bewusst und wollte die Veranstaltung lokal halten, sodass nur wenige Gäste von außerhalb kamen. Darunter waren Vertreter der Jüdischen Gemeinde Kassel und der Gesellschaft für christlich-

59 Gedenkstein für die Jüdinnen, die in Hessisch Lichtenau leiden mussten, auf dem ehemaligen Lagergelände *(Foto: Gregor Espelage)*

jüdische Zusammenarbeit. Auch die Polizei war vor Ort, um eventuell auftauchende Neo- oder Altnazis daran zu hindern, die Veranstaltung zu stören.

In einem Artikel mit der Überschrift «Denkmal für jüdische Frauen. Einweihung einfach und würdevoll» (*HNA* vom 26. April 1986) sind folgende Worte von Bürgermeister Ingo Geisler zu lesen:

> Mit diesem Stein als Symbol des Gedenkens wollen wir unsere innere Bereitschaft ausdrücken, den jüdischen Frauen und Mädchen, die hier in unserer Stadt gelitten haben, die ihnen gebührende Achtung zu erweisen [...] Es geht nicht um die Frage [...] inwieweit jeder einzelne damals lebende Bürger mitverantwortlich war für diesen entsetzlichen Irrweg eines Volkes. Wichtig ist vielmehr, dass wir alle darin übereinstimmen, dass die Achtung des Lebens, der Würde und der Rechte des Menschen jedem Einzelnen gleichermaßen gebührt.

Bei der Einweihung sprach Dieter Vaupel über den harten Alltag der jüdischen Frauen und Mädchen im Lager und in der Fabrik. Er sprach auch über die mu-

ZAHLREICHE BÜRGER wohnten der Einweihung der Gedenkstätte an der Heinrichstraße am Donnerstagabend bei. (Fotos: beb)

Werra-Meißner

Samstag, 26. April 1986

Gedenkstätte für jüdische Frauen

Einweihung schlicht und würdevoll

Hess. Lichtenau (k). Im Dreieck zwischen Stadtkirche, dem alten Feuerwehrhaus und der Grundschule erklingen Passionschoräle von Bach. Über dem hellen Sandstein mit der Gedenktafel erhebt sich wie zum Schutz eine kräftige Birke. Schlicht, aber würdevoll – so verlief am Donnerstagabend die Einweihung der Gedenkstätte für die jüdischen Frauen des Lagers „Vereinshaus" am Rand der Lichtenauer Altstadt. Rund 150 Menschen nahmen an der Gedenkfeier teil, die etwa 45 Minuten dauerte.

★

Entsprechend dem Wunsch der städtischen Gremien blieb die Gedenksteinenthüllung eine weitgehend örtliche Angelegenheit: Vertreter der Israelischen Gemeinde Kassel bzw. der Gesellschaft für christlich-jüdischen Zusammenarbeit sowie der Dekan des ev. Kirchenkreises, Christoph Bachmann, gehörte zu den wenigen auswärtigen Gästen. Zahlreiche Mitglieder der städtischen Gremien sowie Vertreter des öffentlichen Lebens wohnten der Feier bei.

★

Mit Plakaten und Transparenten („Die Bilanz der Nazis – 50 Mio. Tote") demonstrierte eine Gruppe jüngerer Leute still am Rand der Gedenkstätte. – Polizei und andere Organe hatten für die Feierstunde erhebliche Sicherheitsvorkehrungen getroffen.

★

„Mit diesem Stein als Symbol der Gedenkens wollen wir unsere innere Bereitschaft ausdrükken, den jüdischen Frauen und Mädchen, die hier in unserer Stadt gelitten haben, die ihnen gebührende Achtung zu erweisen", sagte Bürgermeister Ingo Geisler am Schluß seiner Ansprache.

Das Stadtoberhaupt: „Es geht dabei in dieser Stunde nicht um die Frage, inwiewiet die Stadt als ganzes, inwieweit jeder einzelne damals lebende Bürger mitverantwortlich waren für diesen entsetzlichen Irrweg eines Volkes. Wichtig ist vielmehr, daß wir alle, also die noch lebenden Zeitgenossen der Jahre 1933 bis 1945 und die Nachgeborenen, darin übereinstimmen, daß die Achtung des Lebens, der Würde und der Rechte des Menschen jedem einzelnen gleichermaßen gebührt."

★

Anschaulich schilderte der Lehrer Dieter Vaupel aufgrund seiner umfangreichen Nachforschungen die Entstehung des Außenkommandos Hess. Lichtenau des Konzentrationslagers Buchenwald. Dabei stellte er auch eindrucksvoll die Bedingungen des täglichen Lebens der rund tausend Häflinge im Lager und in der Sprengstoffabrik Hirschhagen dar.

„Hauptsächlich waren die Frauen und Mädchen in den Füllstationen und in den Pressengebäuden der Sprengstoffabrik bei der Abfüllung der Sprengstoffe TNT und Pikrin in Grananten, Bomben, Tellerminen und Kartuschen beschäftigt. Diese Arbeit war gefährlich und barg viele gesundheitliche Risiken wie Leber- und Lungenschädigungen durch den Umgang mit Chemikalien, in sich- ...Zu den Bedingungen im Lager und der Fabrik kamen Schikanen der SS-Wachmannschaft..."

Gewürdigt wurde von Vaupel aber auch, daß es in den Jahren 1944/45 beherzte Lichtenauer gegeben hat, die Kleidungsstükke, Schuhe, Brot oder Kuchen über den Zaun des Lagergeländes warfen, oder ihnen auf dem Weg zur Arbeit etwas zusteckten.

★

Versöhnliche Worte richtete die Sprecherin der Jüdischen Gemeinde Kassel, Esther Haas, an die Versammlung: Zum Aufarbeiten der Geschichte und zum Gedenken sei es nie zu spät...

GESTALTETEN die Einweihungsfeierlichkeit: die Pfarrer Malessa und Eichhöfer, Esther Haas, Dieter Vaupel und Bürgermeister Ingo Geisler vor dem Gedenkstein.

60 Die *Hessisch Niedersächsische Allgemeine / Witzenhausen* berichtet am 26. April 1986 über die Einweihung des Gedenksteines

tigen Lichtenauer, die unter großer Gefahr Kleidung, Schuhe, Brot und Kuchen über den Lagerzaun warfen oder den Jüdinnen heimlich etwas auf dem Weg zur Arbeit zusteckten.

Eine Gruppe «ungebetener Gäste», junge Leute, die einer Friedensbewegung anzugehören schienen, stand ruhig am Rand der Gedenkstätte. Die Neonazis blieben weg.

***

Der Gedenkstein war ein umstrittenes Thema, aber längst nicht so umstritten wie das nächste Projekt der Geschichtswerkstatt: Ehemalige deutsche Arbeiter und Arbeiterinnen, ausländische Zwangsarbeiter und Zwangsarbeiterinnen sowie jüdische Frauen und Mädchen aus dem Lager Vereinshaus zu einem dreitägigen Treffen in Hessisch Lichtenau zusammenzubringen .

Kapitel 10
Gespräche, Touren und Tränen

Die Idee, ehemalige deutsche und ausländische Arbeiter der Sprengstofffabrik nach Hessisch Lichtenau zu einem Treffen einzuladen, entstand durch Gisela Höfert, eine Mitstreiterin der Geschichtswerkstatt. Gisela, deren Mutter Minna Schiffer als junge Frau fünf Jahre lang in der Fabrik arbeiten musste, hatte viele Geschichten über diesen schrecklichen Ort gehört. Minna erzählte ihrer Tochter von den erlittenen Strapazen, aber auch davon, wie viel schlimmer es für die ausländischen Zwangsarbeiter und die Jüdinnen gewesen sei.

Sie berichtete davon, wie sich die Fabrikarbeiter versprochen hatten, nach Kriegsende alle nach Hessich Lichtenau zurückzukehren. Also schlug Gisela der Stadt vor, alle Arbeiterinnen und Arbeiter einzuladen, sowohl die Deutschen, als auch Belgier, Holländer, Franzosen, Russen und Polen und die aus Auschwitz geschickten ungarischen Jüdinnen. Sie würden jeden, der in der Fabrik gearbeitet hatte, bitten zu kommen, außer natürlich die früheren SS-Leute und alle Deutschen, die sich freiwillig zum Dienst in der Fabrik gemeldet hatten.

Ein solches Treffen war eine radikale Idee mit möglichen Schattenseiten. Dies konnte kein fröhliches Klassentreffen sein, bei dem die Leute ein Glas heben und sich gegenseitig auf die Schulter klopfen, während sie sich an all die guten Zeiten erinnern, die sie zusammen hatten, und manche sogar den Liebsten aus ihrer Jugend begegneten. Und was wäre, wenn diese alten Arbeiterinnen und Arbeiter, die Deutschen, Belgier, Holländer und Franzosen, sich freuen würden, einander zu sehen? Wie würde das auf die, die große Entbehrungen zu ertragen hatten, wirken? Auf die russischen und polnischen Zwangsarbeiter und natürlich auf die aus Auschwitz gesandten jüdischen Frauen und Mädchen, die das Schlimmste ertragen mussten? Warum diese Menschen zusammenbringen? Was war der Zweck?

Für die Geschichtswerkstatt ging es darum, diesen Menschen die Möglichkeit zu geben, Erinnerungen auszutauschen, alte Kontakte wiederzubeleben und ein Stück deutscher Geschichte und der eigenen Lebensgeschichte aufzuarbeiten. Aber würden sie kommen wollen? Die Lösung schien zu sein, es zu probieren und zu sehen, ob sie die Gelegenheit nutzen würden, nach Hessisch Lichtenau zurückzukehren.

Dieter Vaupel hatte bereits einige Namen und Adressen jüdischer Mädchen und Frauen, die er in den Ermittlungsakten gefunden hatte. Und er hatte eine weitere Fundgrube von Namen und Adressen entdeckt, nachdem ihm Benjamin Ferencz, der amerikanische Anwalt und Chefankläger für NS-Kriegsverbrechen, vorgeschlagen hatte, sich an die Jewish Claims Conference in Frankfurt zu wenden. Er würde an die jüdischen Frauen und Mädchen schreiben.

Nachdem Jürgen Jessen und Gisela Höfert Namen und Adressen der deutschen und ausländischen Zwangsarbeiter gesammelt hatten, bot auch Giselas Mutter Minna ihre Hilfe an. Jürgen Jessen erklärte sich bereit, die Führung bei der Sicherstellung einer möglichen Finanzierung für ein Treffen zu übernehmen, während Dieter Vaupel für die zu präsentierenden historischen Aspekte verantwortlich sein würde. So hatten sie eine Organisationsstruktur gefunden. Der nächste Schritt war, sich die Unterstützung der Stadt durch Bürgermeister Ingo Geisler zu sichern.

Der Bürgermeister von Hessisch Lichtenau wies die Idee erwartungsgemäß zunächst sofort zurück. Hatte er nicht bereits der Aufstellung eines Gedenksteins zur Erinnerung an die Jüdinnen zugestimmt? Hatte er nicht eine formelle Arbeitsgruppe eingesetzt, der neben Dieter Vaupel auch noch andere Historiker angehörten, um die Geschichte der Fabrik aufzuarbeiten? Und nun wollte diese sogenannte Geschichtswerkstatt, diese Gruppe von Bürgerinnen und Bürgern, von denen die meisten bestenfalls Hobbyhistoriker waren, ehemalige Fabrikarbeiter hierher nach Lichtenau einladen? Undenkbar!

Doch die Geschichtswerkstatt ließ sich nicht beirren. Dieter Vaupel erkannte, dass der Bürgermeister nicht unbedingt gegen die Aufarbeitung der NS-Geschichte und die Ausrichtung des Treffens war. Aber der Bürgermeister war ein Politiker und mochte es nicht, wenn sich die Dinge zu schnell und außerhalb seiner Kontrolle bewegten. Er wollte vor allem keine Veranstaltung auf die Beine stellen, die zu viel Aufmerksamkeit erregen und dem Ansehen von Hessisch Lichtenau schaden könnte.

Unzufrieden mit dem «Nein» des Bürgermeisters bestand die Geschichtswerkstatt weiter darauf das Treffen durchzuführen. Sie entschieden, dass es die beste Strategie sein würde, die Presse einzuschalten, um ihren Vorschlag zur realisieren. Sie kontaktierten die Lokalzeitung und waren erfreut, als durch die Berichterstattung Druck aufgebaut wurde und die Haltung der Stadt und des Bürgermeisters sich nach und nach veränderten. In dieser Situation bekam die Arbeitsgruppe, die der Bürgermeister eingerichtet hatte, auch noch schlechte Publicity. Prof. Dr. Dietfrid Krause-Villmar von der Universität Kassel, ein herausragender Wissenschaftler zum Thema Nationalsozialismus, trat aus der Gruppe aus. Er wollte damit dagegen protestieren, dass die Stadt die Suche nach der historischen Wahrheit nicht ernst nehme.

Als Jürgen Jessen eine Anschubfinanzierung des Landes Hessen und der Bundesregierung zur Unterstützung des Treffens der ehemaligen Fabrikarbeiter erhielt, mussten Bürgermeister Ingo Geisler und seine CDU schließlich einlenken. Das Stadtparlament beschloss mit den Stimmen von CDU, SPD und DKP einstimmig, die weiteren finanziellen Mittel für das Treffen bereitzustellen. Nun konnte man das für den 3. bis 5. Oktober 1986 geplante Treffen angehen.

Als Reaktion auf die guten Nachrichten sagte Gisela Höfert in einem Gespräch mit der *HNA* am 20. August 1986 unter der Überschrift «Programm für das erste Treffen ehemaliger Zwangsarbeiter liegt vor», dass

> die Resonanz auf dieses Treffen bei den Betroffenen äußerst positiv ist. Viele sind dankbar, dass man sich auch nach 40 Jahren noch an sie und ihr Schicksal erinnert und ihnen die Möglichkeit geben will, andere Ehemalige kennenzulernen.

In dem Artikel heißt es aber auch, dass Bürgermeister Geisler und Frau Höfert

> nicht verschwiegen haben, dass die Ankündigung des Treffens auch negative Reaktionen in der Stadt ausgelöst hat. Es gäbe Menschen, die der Meinung sind, dass die Vergangenheit endlich ruhen sollte.

Sie betonten auch, dass es bei dem Treffen keineswegs darum ginge, jemandem die Schuld zuzuweisen oder die Schuld zu begleichen.

Von der Stadt Hessisch Lichtenau, dem Landkreis Kassel, dem Land Hessen und der Bundesrepublik Deutschland wurden Mittel zugesagt, um die Kosten für die geladenen Gäste in Höhe von 15.000 DM zu decken. Die private Unterbringung der Gäste durch Bürgerinnen und Bürger von Hessich Lichtenau in ihren Wohnhäusern war dann oft der Beginn langjähriger Freundschaften zwischen Lichtenauer Bürgern und ehemaligen Fabrikarbeitern. Die überwiegende Mehrheit der Eingeladenen nahm die Gelegenheit dankbar an, zu kommen und über das Geschehene zu sprechen.

***

Einhundert ehemalige Arbeiter der Sprengstofffabrik kamen zu dem Treffen im Oktober 1986 nach Hessisch Lichtenau. Es waren deutsche Arbeiter, niederländische und französische Zwangsarbeiter und eine Delegation von fünf Jüdinnen aus Ungarn.

Die dreitägige Veranstaltung war vollgepackt mit Führungen, Gesprächen und vielen Tränen. Manchmal waren es Freudentränen, wie beim Franzosen Jean Eclàche, als er seine ehemalige deutsche Freundin traf. Es flossen auch Tränen der Trauer. Jean hatte mit jüdischen Frauen und Mädchen zusammengearbeitet, als sie sich abmühten, die schweren Bomben auf Eisenbahnwaggons zu laden.

Bei Jean und einigen jüdischen Frauen mischten sich die Tränen der Traurigkeit mit großem Stolz. Denn Jean Eclàche gehörte zu den Zwangsarbeitern, die einigen der jüdischen Frauen und Mädchen gezeigt hatten, wie man sabotieren konnte. Konkret zeigte er ihnen, auf welche Weise man die Zünder der Bomben unbrauchbar machte. Viele der jüdischen Frauen und Mädchen berichteten von Sabotage, wo immer es möglich war. Sie wussten, dass sie dabei ihr Leben riskierten, aber es gab ihnen das Gefühl, zumindest etwas gegen den Krieg unternehmen zu können und andere Leben zu retten.

Es war ein besonders ergreifendes Wiedersehen, als Jean Eclàche auf Ibola Mèth traf, eines der ungarischen jüdischen Mädchen, denen er beigebracht hatte, wie man Bomben sabotiert.

Befürchtungen, dass es problematisch wäre, ehemalige Arbeiter der Fabrik zusammenzubringen, da einige aufgrund ihrer Herkunft viel härter behandelt wurden, erwiesen sich als unbegründet. Ihre gemeinsamen traumatischen Erfahrungen schafften eine tiefe und unausgesprochene Verbundenheit.

Neben der Lokalzeitung *HNA* zog die Veranstaltung das Interesse nicht nur der nationalen, sondern auch der internationalen Presse an. Die *Tageszeitung Berlin*, die *Frankfurter Rundschau*, *Die Zeit*, *Der Stern* und andere Zeitschriften berichteten über das Treffen. International erschienen Nachrichten in Frankreich, Holland, Ungarn und Israel.

Die *Frankfurter Rundschau* berichtet am 7. Oktober 1986 in ihrem Artikel «Wo Frauen Sprengkörper füllen mussten» über eine Führung durch das Gelände der ehemaligen Sprengstofffabrik:

> Vor allem die Jüdinnen schwiegen und wirkten dabei ruhig und gefasst, als die Busse in den Wald von Hirschhagen einbogen. [...] Viele hatten in der Nacht vor der Besichtigung durch das Gelände der ehemaligen Sprengstofffabrik «wegen der schweren Erinnerungen» und der «Emotionen, die hochkommen», schlecht geschlafen, waren nervös und ergriffen. [...] Das Füllen der Sprengkörper, das überwiegend von Frauen ausgeführt wurde, gehörte zu den gefährlichsten im ganzen Werk, nicht zuletzt wegen der extrem hohen Explosionsgefahr. Durch den Umgang mit den Chemikalien verfärbten Haut und Haare der Frauen gelb bis grün: ein Umstand, der ihnen den Namen «Kanarienvögel» einbrachte [...]
>
> Am menschenunwürdigsten wurden die jüdischen Zwangsarbeiterinnen behandelt [...] Trotzdem war es für sie ein Glück nach Hirschhagen zu kommen. «In Auschwitz wären wir wahrscheinlich ebenso wie unsere Familien vergast worden», sagt eine Ungarin. «Wir waren erst 20 Jahre alt, deshalb haben wir es wohl überhaupt nur ausgehalten», meint sie. Heute ist es ihr ein «inneres Bedürfnis», an diese Stätten, an die sie nur schreckliche Erinnerungen hat, zurückzukehren.
>
> Jeglicher Kontakt der deutschen Frauen mit den ausländischen Zwangsarbeiterinnen war [...] damals strengstens verboten. Gleichwohl bekamen die Jüdinnen ab und zu etwas Essbares zugesteckt oder wurden angesprochen. Auf der Fahrt und beim Gang durch das Gelände der ehemaligen Fabrik im Hirschhagener Wald, als die warme Herbstsonne fast versöhnlich schien, sprachen sie allerdings noch immer kaum miteinander.

In seiner Schlussrede bemerkte Bürgermeister Ingo Geisler:

> Nicht Hass und Rache haben die Versammlung geprägt, sondern das Bedürfnis nach Erinnerung. Nicht der Feind wurde gesucht, sondern der Freund und Helfer von damals.

Die Anwesenden bedankten sich bei denen, die sie eingeladen hatten. Sie waren froh, dass sie gekommen waren. Die Geschichtswerkstatt beschloss, die Veranstaltung im nächsten Jahr zu wiederholen, und plante das nächste Treffen für den 3. bis 6. September 1987.

***

61 Ehemalige jüdische Zwangsarbeiterinnen am Gedenkstein in Hessisch Lichtenau (v.l.): Iósza Ignácz, Klara Böhm, Ibolya Méth, Henriette Szepes, Magdalena Kornfein *(Foto: Dieter Vaupel)*

62 Ehemalige Arbeiterinnen und Arbeiter der Sprengstoffabrik beim Betrachten der Fotoausstellung während des Ehemaligentreffens *(Privatarchiv Dieter Vaupel)*

63 Jean Eclàche und Iboya Méth zusammen mit dem Übersetzer *(Privatarchiv Dieter Vaupel)*

64 Bürgermeister Geisler (Mitte) und Dieter Vaupel (rechts) mit ehemaligen Arbeiterinnen und Arbeitern der Sprengstofffabrik bei einer Gedenkfeier *(Privatarchiv Dieter Vaupel)*

Dank der Presseberichterstattung über das Treffen in Europa und Israel hörte die Geschichtswerkstatt von anderen ehemaligen Arbeiterinnen und Arbeitern. Diese Berichterstattung erreichte jedoch nicht die Vereinigten Staaten. Das erklärt, warum Judith Isaacson überrascht war, als sie ein Päckchen am Bates College erhielt, wo sie Dekanin war. Darin war eine wissenschaftliche Arbeit eines Deutschen namens Dieter Vaupel über die 1.000 ungarischen jüdischen Frauen und Mädchen, die von Auschwitz zur Zwangsarbeit nach Hessisch Lichtenau geschickt wurden.

Judith und ihr Mann hatten Hessisch Lichtenau im September 1983 auf der Suche nach der Fabrik besucht, in die sie während des Krieges arbeiten musste. Damals wurde ihr gesagt, dass es einen solchen Ort nie gegeben habe und dass sie aufhören solle zu suchen. Nun, hier war eine wissenschaftliche Arbeit, die erklärte, dass die Fabrik im Besitz von Dynamit Nobel gewesen ist und eine der größten Rüstungsfabriken des des Deutschen Reiches, ja sogar eine der größten in ganz Europa war.

Judith kontaktierte sofort Dieter Vaupel und sie begannen eine Korrespondenz. Dieter hatte seinen Lehrerjob inzwischen gegen eine neue Stelle an der Universität Kassel getauscht, die er im Herbst 1986 antrat. Hier promovierte er in Politikwissenschaft. Das Thema seiner Dissertation war das Schicksal der ungarischen jüdischen Frauen und Mädchen in Hessisch Lichtenau.

Judith erwähnte in einem der Briefe Luciana Nissim, die Ärztin für die jüdischen Frauen und Mädchen in Hessisch Lichtenau war. Luciana war eine Italienerin jüdischen Glaubens, die kurz nach dem Transport der tausend Frauen und Mädchen aus Auschwitz mit zwei Krankenschwestern ins Lager Vereinshaus geschickt wurde.

Dank Judiths Brief wurde Luciana zum Treffen 1987 eingeladen. Luciana würde teilnehmen, ebenso wie Judith, die im Haus von Dieters Eltern, Martha und Karl Vaupel, wohnen würde.

Auburn, Maine, U.S.A.
March 12, 1987

Mr. Dieter Vaupel
Brückenstrasse 3
3509 Spangenberg
West Germany

Dear Mr. Vaupel,

I received your exciting letter and your fascinating book on my return from Florida, where I was visiting my mother, Rose Magyar, and my aunt, Magda Vass.

Your book meant more to me than you can imagine, because during the past years I have been writing my memoirs on the Holocaust. My memoirs were finished just recently, and the manuscript is being handled by a New York agent. Excerpts of the book were published in advance in The Yale Review; I am mailing you a copy of it under a separate cover. I shall send you the full manuscript as soon as it is copyrighted--in the near future, I hope. It will provide you with much detail on our stay in Lichtenau as well as on our liberation--which was different for the nine of us who did not participate in the forced march but stayed behind in the infirmary in Leipzig.

I bought a fine German-English dictionary today and I plan to study your book carefully before I make any comments on it. Please use the enclosed check for $50.00 to pay for the copy that you so graciously sent me and for as many more copies as the money covers--including shipping. It's urgent, I sent my own copy to my agent.

In trying to comment on your book, I am troubled by the task of identifying the S.S. officers and guards. Do you have any photographs or descriptions to help me?

Our medic, Luciana Nissim, lives in Milano--Marta Frank of Budapest has her married name and her address. Luciana could be of great help to you. Our former kapo, Manci Pál, lives in an Israeli Kibbutz with her sisters, I've been told. I have no ill feelings against her; she was a victim of circumstance. Manci pulled me from the transport of the 206 together with my mother and my aunt; you'll read about the incident in my memoirs.

I read the list of the 206 with a shiver. I knew Mrs. Karpelesz and her daughter from Kaposvár, and I had met Mrs. Paskutz

--1

65/66 Der erste Brief von Judith Isaacson an Dieter Vaupel vom März 1987
(Privatarchiv Dieter Vaupel)

several times, she used to lead us in prayers in Auschwitz. Does anyone know where Mrs. Paskutz's daughter lives?

Thanks for Frau Minna Schiffer's address. May I write to her in English or shall I send her a shorter note in German?

When my aunt Magda lost a finger, she was helped by a Lichtenau doctor and his wife who gave Magda an apple. Are they still living? I'd like to thank them.

It would be of great help to me to obtain the complete list of the one thousand Lichtenau comrades. Inspired by your research, I'd like to use their full names in my memoirs. I'd like to quote the number assigned to me in Auschwitz as well, which I had forgotten.

Please forgive me the rushed tone of this letter, my time is precious because my three year old grandson is staying with me from Boston. By the way, his father, my son John, born only two years after my liberation, accompanied me to Auschwitz in 1978. Have you been to Auschwitz yourself?

I am greatly indebted to you for your challenging, talented and arduous work, and all the diligent help you inspired in your students. Please let me know if I can be of any further assistance. I could undertake the mailings within the United States and Canada for instance.

I am sending you a brief reply to your questionnaire, my memoirs will tell you much more. After you read it I'll be glad to explain any details, and confirm your planned quotes for veracity as needed.

Wishing you and your students all the best.

With warm regards,

Judith Isaacson

--2

Kapitel 11
Erinnern – aber wie?

Seit der Projektwoche 1983 forschte Dieter Vaupel zum Schicksal der jüdischen Frauen und Mädchen, die aus Auschwitz nach Hessisch Lichtenau deportiert wurden. Zunächst gemeinsam mit seinen Schülerinnen und Schülern, dann sowohl im städtischen Arbeitskreis als auch in der Geschichtswerkstatt. Bemerkenswert für einen Lehrer ist, dass er Artikel schrieb, die in wissenschaftlichen Zeitschriften veröffentlicht wurden. Und 1984 erschien sein Buch über die jüdischen Frauen und Mädchen von Hirschhagen in einer Reihe zur Geschichte des Nationalsozialismus. Seine Forschung wurde intensiviert, als er im Herbst 1986 die Freiherr-vom-Stein-Schule verließ, um seine Dissertation zu schreiben. Die jüdischen Frauen und Mädchen sollten Gegenstand seiner Doktorarbeit sein.

Dieter hatte mehr als nur ein wissenschaftliches Interesse am Schicksal dieser Frauen und Mädchen. Er hielt es sicherlich für einen guten ersten Schritt, sie zu einem Wiedersehen nach Hessisch Lichtenau zu bringen. Aber je mehr er über die Frauen erfuhr, desto mehr wollte er ihnen zu Anerkennung und Gerechtigkeit verhelfen. Beim Treffen mit den Überlebenden und der Korrespondenz mit ihnen erkannte er, wie wichtig es war, dass ihre Geschichte erzählt wurde, dass die Menschen erfahren, was sie zu leiden hatten. Dieter fand dies besonders wichtig für die Frauen, die nach dem Krieg nach Ungarn zurückkehrten. Sie hatten wenig Gelegenheit, darüber zu sprechen, was ihnen widerfahren war.

66 Dieter Vaupels Buch über das Außenkommando Hessisch Lichtenau – die «Eintrittskarte» für seinen Besuch in Israel.

Um Stigmatisierung und Vorurteile in der Nachkriegsgesellschaft zu vermeiden, mussten sie verbergen, dass sie in Konzentrationslagern gewesen waren und sogar, dass sie den jüdischen Glauben hatten.

Vielleicht, so dachte Dieter Vaupel, könnte eine materielle Entschädigung für ihr Leid diesen Frauen die Anerkennung und etwas Gerechtigkeit verschaffen, die sie seiner Meinung nach verdienten. Um Rat einzuholen, schrieb Dieter Vaupel an Benjamin Ferencz, den in Ungarn geborenen amerikanischen Anwalt, der Ermittler von Nazi-Kriegsverbrechen und Chefankläger eines der zwölf in Nürnberg abgehaltenen US-Militärprozesse gewesen war. Nach dem Prozess kämpfte Benjamin Ferencz für eine Entschädigung ehemaliger jüdischer Zwangsarbeiterinnen und Zwangsarbeiter sowie um die Rückgabe des geraubten Eigentums an die Überlebenden. Anfang 1986 schlug er Dieter Vaupel vor, sich an die Jewish Claims Conference (JCC) zu wenden.

In Frankfurt begrüßte ihn JCC-Direktor Dr. Ernst Katzenstein begeistert und gewährte ihm vollen Zugang zu den Akten zur Entschädigung der Zwangsarbeiter. Dieter erfuhr von den zehn Jahren erfolgloser Verhandlungen mit dem Vertreter von Friedrich Flick, damals Eigentümer der Dynamit Nobel AG, von der das Werk Hessisch Lichtenau eine Tochtergesellschaft war. Über Dr. Katzenstein kontaktierte Dieter Vaupel dann Gershon Cohn, einen Anwalt der israelischen Restitutionsorganisation, der Dieter Vaupel einlud, nach Israel zu kommen, um Überlebende der Sprengstofffabrikk zu treffen und Akten in den Archiven der Claims Conference und von Yad Vashem zu recherchieren.

Er nahm die Einladung gerne an, sah der Reise aber mit gemischten Gefühlen entgegen. Er freute sich darauf, dort viele Überlebende zu treffen, aber gleichzeitig wusste er nicht, wie sie auf ihn als Deutschen reagieren würden, jemanden aus dem Land, das ihre Familien getötet und ihnen Leid zugefügt hatte.

Alle seine Bedenken wurden schon bei der Ankunft schnell zerstreut, als er mit einem unerwarteten Maß an Herzlichkeit empfangen wurde. Bald merkte

67 Treffen mit ehemaligen Lichtenauer Zwangsarbeiterinnen im Jahr 1987 in Haifa *(Privatarchiv Dieter Vaupel)*

er, dass die Jüdinnen von seinem 1984 erschienenen Buch «Das Außenkommando Hessisch Lichtenau des Konzentrationslagers Buchenwald 1944/1945» wussten. Das Buch diente Dieter als «Eintrittskarte» in diese Gemeinschaft. Die Frauen waren so dankbar, dass er schriftlich dokumentiert hatte, was ihnen widerfahren war. In den kommenden Jahren würde ihre Geschichte weiterhin gewürdigt werden, wenn Dieter Vaupels Buch Teil der ständigen Sammlungen so angesehener Institutionen wie des United States Holocaust Memorial Museum in Washington, DC, werden würde.

Dieters Israel-Reise begann mit einem Empfang in Haifa, an dem fünfzig der Frauen teilnahmen, die die Arbeit in der Sprengstofffabrik überlebt hatten.

Beim Empfang erzählte Dieter Vaupel von seiner Recherche und wie alles im Frühjahr 1983 mit Schülerinnen und Schülern eines Schulprojekts begann. Danach wurde er mit Einladungen der Frauen überhäuft, konnte aber während seiner drei Wochen in Israel nur einige davon realisieren. Im Gegenzug lud er sie alle zum bevorstehenden Ehemaligentreffen der Arbeiter der Sprengstofffabrik im September 1987 nach Hessisch Lichtenau ein.

Nach dem Treffen mit den Frauen verbrachte Dieter Vaupel viele Tage damit, Akten in den Archiven der Claims Conference in Tel Aviv und Yad Vashem in Jerusalem zu studieren. Neben seiner Archivrecherche hat er darüber hinaus Interviews mit Überlebenden geführt und aufgezeichnet.

Besonders bewegt war Dieter von einem Interview mit Frau Weinberger aus Jerusalem. Frau Weinbergers Sohn, der ungefähr in Dieters Alter war, hatte ihn zu ihrem Haus in Tel Aviv gefahren. Der Sohn saß schweigend da, während seine Mutter ein langes Gespräch mit Dieter Vaupel führte. Sie berichtete bewegend über ihr persönliches Schicksal und das Schicksal ihrer Familie, ihre Zeit in Auschwitz, die Arbeit in Hessisch Lichtenau, das Leben im Lager und den Todesmarsch, auf den sie nach der Räumung des Lagers nach Kriegsende geschickt wurden. Danach fuhr Frau Weinbergers Sohn Dieter zurück in sein Hotel. Er sagte, dass ihm das, was seine Mutter gerade berichtet habe, völlig neu sei. Sie habe bisher nie darüber gesprochen. Er dankte Dieter dafür, dass er nach Israel gekommen war. Seine Arbeit sei so wichtig. Jetzt könnte er vieles besser verstehen, was ihm an seiner Mutter bisher unverständlich gewesen sei.

In solchen Interviews und in den schriftlichen Berichten der Überlebenden war es für Dieter Vaupel besonders bewegend, wenn die Frauen vom Leben nach der Befreiung sprachen, so wie etwa Aranka Luxemberg: «Noch heute schrecke ich schreiend aus den Albträumen auf, die Belastungen für die Seele waren zu groß.» Oder Rosalya Valyi:

> Ich habe das Gefühl, dass die dort erlittenen Demütigungen ein ganzes Leben beeinflussen, dass das letzte Tier besser behandelt worden ist, als wir ein ganzes Jahr lang. Die allgemeinen Umstände, die ständige Angst, die Todesangst und die darauffolgende Depression haben unauslöschliche Spuren hinterlassen.

Dieter verließ Israel mit der tiefen Erkenntnis, wie wichtig es sein würde, dass diese Frauen eine besondere Form der moralischen und materiellen Wiedergutmachung für das, was sie ertragen mussten, erhalten sollten. Noch im selben Jahr konnten sie schließlich Entschädigungszahlungen des Nachfolgeunternehmens der Dynamit Nobel AG erhalten. Ein Vergleich ermöglichte es den ehemaligen Sklavenarbeiterinnen der Lichtenauer Fabrik, Ansprüche gegen die Dynamit Nobel AG geltend zu machen. Die Entschädigung war weitgehend symbolisch, da jede Frau für ihre Zwangsarbeit nur eine einmalige Zahlung von 2.000 DM erhielt und das Antragsverfahren mühsam war. Jede musste ihre Tätigkeit in der Fabrik dokumentarisch nachweisen. Für jede der Frauen, die eine Entschädigung beantragte, gelang es Dieter, die erforderlichen Nachweise zu erbringen.

Die Reise nach Israel verlief besser, als Dieter Vaupel es sich je vorgestellt hatte. Der einzige Haken war die Abfertigung am Flughafen vor dem Heimflug. Sicherheitsbeamte, die eine Routinekontrolle durchführten, bevor Vaupel das Land verlassen konnte, wussten nicht, was sie von einem deutschen Staatsbürger mit einem Koffer voller Kopien mit Aussagen jüdischer Frauen, die in einem Konzentrations- und Arbeitslager gewesen waren, halten sollten. Dieters Koffer wurde ausgepackt und er wurde mehrmals befragt, bevor sie entschieden, dass dieser Mann die Wahrheit sagte, er wirklich am Schicksal dieser Frauen interessiert war und ihnen half, eine Entschädigung zu erhalten.

***

Die Organisatoren des nächsten Treffens im Jahr 1987 in Hessisch Lichtenau, Jürgen Jessen, Gisela Höfert und Dieter Vaupel, waren hoch zufrieden: Während nur fünf jüdische Frauen aus dem Lager Vereinshaus am ersten Treffen der Ehemaligen teilnahmen, kamen zum Treffen im September 1987 insgesamt 63 nach Hessisch Lichtenau: 40 aus Ungarn, 20 aus Israel, zwei aus den USA und eine aus Italien. Insgesamt waren es fast 150 ehemalige Arbeiterinnen und Arbeiter.

Die Lokalzeitung *HNA* berichtete am 5. September über die Eröffnungsveranstaltung des Treffens unter der Überschrift «Ehemalige Arbeiter interessiert an Lichtenau. Hoffnung hat Hass verdrängt». Dort war zu lesen, dass die Worte des Russen Michael Semirjaga an seine ehemaligen Arbeitskollegen mit großem Applaus aufgenommen wurden: «Wir müssen gemeinsam für den Frieden kämpfen, damit es nie wieder Zwangsarbeiter gibt.»

Semirjaga hatte mit seinem Landsmann Alexander Wassiljew den Weg nach Hessisch Lichtenau auf sich genommen, damit das, was ihnen widerfahren ist, nicht vergessen wird. Marian Szeptucho, ein Pole, der 1941 als Zwangsarbeiter für dreieinhalb Jahre in die Fabrik verschleppt wurde, war ein weiterer Teilnehmer, der für das Treffen dankbar war.

Auch Vera Ausländer aus Haifa in Israel, fand die lange Reise zwar schwierig, bereute sie aber nicht: «Ich bin froh, dass ich gekommen bin. Lichtenau hat eine schöne Fassade, aber es war bitter in Erinnerung.» Vera sagte auch, sie verspüre keinen Hass mehr auf Deutsche und hoffe, dass es mit einer neuen Generation junger Menschen besser werde.

Zwei Schwestern, die im Lager Vereinshaus gewesen waren, nahmen ebenfalls am Treffen teil. Blanka Pudler, eine ungarische Jüdin, die mit knapp 15 Jahren aus Auschwitz nach Hessisch Lichtenau gebracht worden war, kam mit ihrer älteren Schwester Aranka aus Budapest. Blanka sagte, sie sei immer noch von schrecklichen Erinnerungen gequält. Sie hatte Angst davor, wie es sein würde, wenn sie nach Lichtenau zurückkehre. Sie machte keinen Hehl daraus, dass sie nach dem Krieg einen großen Hass auf die Deutschen hegte. Sie gab jedoch zu, dass sich ihre Einstellung im Laufe der Jahre geändert habe. «Das Lichtenau von heute ist mit dem von früher nicht mehr vergleichbar», sagte sie.

Blanka bedankte sich vor allem für das große Interesse der Lichtenauer Schülerinnen und Schüler an ihrem Schicksal. Martha Frank, ebenfalls aus Budapest, stimmte Blanka zu und bemerkte, dass die Enkel ihrer Peiniger jetzt eine andere Einstellung hätten.

Anders als im Vorjahr erschütterte keine kontroverse Debatte die Stadt über die Ausrichtung des zweiten Treffens. So konnte die Geschichtswerkstatt im September 1987 Schülerinnen und Schüler der Freiherr-vom-Stein-Schule einbeziehen, um mit den ehemaligen Zwangsarbeitern und KZ-Häftlingen ins Gespräch zu kommen. Ein glücklicher Zufall war es, dass der Beginn der diesjährigen Projektwoche an Lichtenauer Schule mit dem Treffen zusammenfiel.

Unter der Leitung von Lehrer Karl Bachsleitner nahmen 13 Schülerinnen und Schüler an dem Treffen teil. Ihr Projekt ging der Frage nach: Erinnern, aber wie? Wie soll zukünftig mit NS-Geschichte in Hessisch Lichtenau umgegangen werden? Mehr als einmal wurde bemerkt, wie weit die Erinnerungsarbeit nun schon gekommen sei. Nur vier Jahre zuvor hatten sich in der Projektwoche 1983 Jugendliche die Frage gestellt, mit der alles begann: Was geschah in ihrer Stadt während der NS-Zeit?

Dirk Schneider, ein ehemaliger Schüler der Projektgruppe von 1983, hielt ein vielbeachtetes Grußwort. Dieter Vaupel nahm seine Worte später in einen Artikel in dem Buch *Zeitgeschichte und historische Bildung* (2005) auf.

Voller Stolz sagte Dirk Schneider dem Publikum:

> Ich möchte mich ganz besonders bei Ihnen für Ihr Kommen bedanken. Das ist für mich eine Genugtuung. Ich gehöre zu den «Spätgeborenen» und finde es einfach toll, dass hier endlich auch die Menschen sitzen, von denen ich bisher nur gehört habe: Die ungarischen Jüdinnen, von denen ich nur einen Bericht kannte. Ich habe das gelesen, es hat mich tief erschüttert. Ich habe mich auch geschämt dafür, dass ich hier in der Stadt gelebt habe, so lange Jahre und nichts davon wusste. Niemand hat etwas darüber gesagt.

Mehr oder weniger zufällig sind wir Schüler ja darauf gestoßen. Ich habe die Reaktionen in der Stadt gesehen und gerade deshalb freue mich, dass jetzt hier so etwas wie dieses Treffen zustande gekommen ist.

***

Zu den geplanten Aktivitäten für das Wiedersehen 1987 gehörte ein Besuch der Jüdinnen auf dem ehemaligen Gelände des Lagers Vereinhaus, das nun die Freiherr-vom-Stein-Schule beherbergte. Die Frauen wurden vorher darüber informiert, dass der Ort jetzt nicht mehr wie ein Lager aussah. Obwohl Fotografien des Lagergeländes, der jüdischen Insassen oder des Inneren des Lagers Vereinshaus strengstens damals verboten waren, tauchten einige alte Fotografien, direkt vor dem Lager aufgenommen, in der Ausstellung zum Ehemaligentreffen auf.

Die Frauen waren sehr gespannt auf den Besuch des ehemaligen Lagergeländes. Sie waren sowohl verblüfft als auch sehr glücklich, dass von der Stadt dort für sie ein Gedenkstein errichtet worden war.

Blanka Pudler bedankte sich in einer bewegenden Rede. Sie erzahlte den Versammelten, dass sie bereits von Lagerkameraden in Ungarn und von Dieter Vaupel, als er Budapest zwei Monate vor dem Treffen besuchte, von dem Gedenkstein gehört hatte. Sie war sehr gerührt und dankbar, aber jetzt, wo sie in Hessisch Lichtenau sei, sei es eine besondere Genugtuung zu sehen, dass direkt vor einer Schule an ihr Leid erinnert werde. Ihr sei es so wichtig, dass junge Menschen von ihrem Schicksal und vom Holocaust erfahren, damit nie wieder Hass die Welt regiert. Sie dankte allen für die Erinnerung durch den Gedenkstein.

An diesem Tag versprach Blanka Pudler auch, dass sie wiederkommen und ihre Geschichte jungen Menschen in Deutschland erzählen würde, wann immer sie dies wollten.

Nach dem Treffen im September 1987 arrangierte Dieter Vaupel, dass Blanka zu Schülerinnen und Schülern in ganz Deutschland sprechen konnte. Und sie kam jedes Jahr wieder. Für ihr Engagement wurde Blanka Pudler 2012 mit dem Verdienstorden der Bundesrepublik Deutschland ausgezeichnet.

***

Während das Gelände des Lagers, das ehemals am Rande der Stadt lag, in den vergangenen Jahren umfassend umgebaut worden war, blieben die Ruinen der Sprengstofffabrik weitgehend so, wie sie vier Jahre zuvor von Dieter Vaupel und seinen Schülerinnen und Schülern während der Projektwoche erkundet worden waren.

68 Kinder vor den Baracken des Lagers Vereinshaus Anfang der 1940er Jahre in der Heinrichstraße *(Privatarchiv Dieter Vaupel)*

69 Ehemalige jüdische Zwangsarbeiterinnen bei ihrem Besuch auf dem früheren Lagergelände mit Dieter Vaupel im Jahr 1987 *(Foto: Gregor Espelage)*

70 Blanka Pudler hält eine Rede am Gedenkstein vor der Schule in Hessisch Lichtenau *(Privatarchiv Dieter Vaupel)*

71 Eine ehemalige Gefangene notiert sich den Text der Gedenktafel *(Foto: Gregor Espelage)*

An einem verregneten Samstagmorgen bestiegen vor dem Gemeindehaus in Hessisch Lichtenau ehemalige deutsche Werksarbeiterinnen sowie Zwangsarbeiter und -arbeiterinnen aus Frankreich, den Niederlanden, Polen und der Sowjetunion gemeinsam mit den ungarischen Jüdinnen zwei Busse, um eine Tour zu ihren ehemaligen Arbeitsplätzen zu unternehmen. «Zwangsarbeiter besuchen Hirschhagen. Erinnerungen aufgearbeitet», titelte die *HNA* am 7. September 1987. Der Reporter schrieb:

> Einige haben Angst vor dem, was sie dort erwartet; aber der Wunsch, noch einmal an die Stätte des Leidens zurückzukehren und damit auch die eigene Vergangenheit aufzuarbeiten, ist stärker.

Die knapp fünf Kilometer lange Strecke von Hessisch Lichtenau zur Munitionsfabrik war den ungarischen Jüdinnen bestens vertraut. Nur zehn Minuten mit dem Bus, sie wussten, dass es zu Fuß weit über eine Stunde dauerte, nachdem sie damals sechs Tage die Woche bei jedem Wetter vom Lager Vereinshaus zur Fabrik und wieder zurück gelaufen waren. Manchmal marschierten sie aus unbekannten Gründen zum Bahnhof in Hessisch Lichtenau, um dort in den Zug zum Bahnhof Fürstenhagen einzusteigen und dann nur den Rest des Weges zu Fuß zu gehen. Das waren weitere zwanzig bis vierzig Minuten, je nachdem, wo sie in der Fabrik arbeiteten.

Was Dieter Vaupel im Laufe seiner jahrelangen Recherchen und Interviews mit Überlebenden deutlich wurde, war, dass einige der jüdischen Frauen und Mädchen im Gegensatz zu den anderen Arbeiterinnen und Arbeitern eher einen «Tunnelblick» auf die Rüstungsfabrik hatten. Je nachdem, wo sie beschäftigt waren, lernten die Jüdinnen nur einen kleinen Teil der gesamten Fabrik auf dem 250 Hektar großen Gelände kennen. Sie sahen nur, wo sie arbeiteten, und wurden nicht darüber informiert, was in der riesigen Anlage sonst noch vor sich ging. Für einige enthielten ihre fragmentierten Erinnerungen starke Bilder der dunklen, fensterlosen Räume, in denen sie arbeiteten, und der unterirdischen tunnelartigen Eingänge, die sie jeden Tag durchwanderten, um den Arbeitsplatz zu erreichen. Sie hatten nicht genug vom Fabrikgelände gesehen, um genau bestimmen zu können, wo sie gewesen waren.

Ein Gebiet, das einigen jüdischen Frauen, die an dem Treffen 1987 teilnahmen, vertraut war, waren jedoch die Verladerampen in der Nähe der Füllstation, wo sie Bomben auf die Eisenbahnwaggons geladen hatten. Dies war die erste Station ihrer Fabrikbesichtigung per Bus.

Dann ging es zur Füllstation, dem Hauptarbeitsplatz der Jüdinnen. Viele schwere Erinnerungen wurden hier wach, als die Frauen aus dem Bus ausstiegen. Weiter ging es zu den Pressengebäuden. Der *HNA*-Reporter schrieb dazu:

Die nächste Station nach einem Gang über matschige Wege und vorbei an bellenden Hunden, ist die ehemalige Presse in den sogenannten Karpaten. Auch fangen die Ehemaligen spontan an zu erzählen, fragen Vaupel nach Details und lassen sich den Lageplan erklären.

Jemand fragte, warum es an dieser Stelle keine Gebäude mehr gebe. Dieter Vaupel hatte eine Kopie des Lageplans mitgebracht, den die Schüler während der Projektwoche 1983 entdeckt hatten, und er sah es, der Mann hatte recht: Ein Gebäude war abgerissen worden. Eine Frau sagte: «Ich kenne diese Gebäude. Ich habe hier gearbeitet.» Vaupel erläuterte den Produktionsprozess und die Bedeutung der einzelnen Gebäude. Andere begannen darüber zu sprechen, wo sie in den Gebäuden gearbeitet hatten, wie schwer die Arbeit war und welchen Gefahren sie ausgesetzt waren.

Was vielen jüdischen Frauen auffiel, war, wie anders einige Teile der Fabrik heute aussahen. Dieter sagte ihnen, dies sei nicht überraschend, da die Amerikaner 1945 im Rahmen ihrer Demontagearbeiten und der umfassenden Enttarnung des Geländes etwa ein Drittel der Gebäude in die Luft gesprengt hätten.

Wieder andere konnten einzelne Bereiche der riesigen Fabrik oder den Teil innerhalb des Gebäudes, in dem sie arbeiteten, erkennen. Manchmal erlebte jemand eine Sinneserinnerung, etwa als Magda Kornfein das Pressengebäude betrat und sagte, es rieche noch genauso wie vor 40 Jahren.

Einige Projektwochen-Schülerinnen und Schüler nahmen auch an der Besichtigung der Sprengstofffabrik teil. Die ungarischen Frauen waren tief berührt von dem Interesse dieser jungen Menschen.

Unter den ehemaligen Zwangsarbeiterinnen bei dem Rundgang war Judith Isaacson. Judith war die in Ungarn geborene jüdische Überlebende, die 1983 mit ihrem Mann aus den Vereinigten Staaten gekommen war, um Hessisch Lichtenau zu besuchen. Als sie nach der unterirdischen Rüstungsfabrik suchte, um ihre Erinnerungen zu überprüfen, sagten ihr die Einheimischen, dass ein solcher Ort nicht existiere. Aufgrund seiner Recherchen konnte Dieter nun erklären, warum einige der Frauen wie Judith glaubten, in einer unterirdischen Fabrik gewesen zu sein. Sie waren buchstäblich «unter Tage», aber nicht so wie in Dora Mittelbau in Thüringen, die bekannte unterirdische Fabrik, in der die Nazis V-2-Raketen bauten.

In Hirschhagen hat es keine massiven Untertage-Stollen gegeben. Die NS-Ingenieure hatten zunächst Produktionsgebäude auf dem 250 Hektar großen Gelände errichtet. Dann wurden massive Erdwälle aufgeschüttet, die einige der Gebäude überragten. Diese Erdwälle bildeten teilweise Hügel über den Gebäuden. Hunderte von Bäumen und Sträuchern wurden auf den Hügeln gepflanzt, um sie

72 Magdalena Kornfein erklärt Dieter Vaupel und einer anderen Frau, welche Arbeit sie in dem Pressengebäude verrichten musste *(Privatarchiv Dieter Vaupel)*

73 Tour durch das Gelände der früheren Rüstungsfabrik mit Überlebenden und Schülerinnen; Zweite von links: Judith Isaacson *(Privatarchiv Dieter Vaupel)*

75 Luciana Nissim, die italiensche Lagerärztin, im Gespräch mit Martha Frank *(Privatarchiv Dieter Vaupel)*

74 Dieter Vaupel im Gespräch mit Judith Isaacson *(Privatarchiv Dieter Vaupel)*

76 Tunnelähnlicher Eingang zu einem Produktionsgebäude auf dem Gelände der ehemaligen Sprengstofffabrik *(Privatarchiv Dieter Vaupel)*

vollständig in den Wald einzufügen. Die jüdischen Frauen und Mädchen, die in diesen Gebäuden arbeiteten, hatten so den Eindruck, durch eine Art Tunnel in für sie scheinbar unberührte Wälder zu dringen.

Diese Gebäude waren also eher mit Erde bedeckte Bunker. Die falsche Wahrnehmung der Frauen, die glaubten, die Eingänge führten sie in den Untergrund, rührte von ihrer sehr eingeschränkten Sicht auf die weitgehend getarnte Fabrik her. Und ihnen wurde natürlich nie erklärt, wo sie sich befanden.

Die Rüstungsfabrik in Hirschhagen entging im Krieg allen Luftangriffen. Es ist unwahrscheinlich, dass dies auf die Tarnung zurückzuführen ist. Es gab zum Beispiel mehrstöckige Gebäude, die aufgrund des Produktionsprozesses nicht versteckt werden konnten. Die aufwändigen Tarnmaßnahmen konnten auch die Gleisanlagen oder Absetzbecken nicht verbergen. Britische Luftbilder, die während des Krieges aufgenommen wurden, zeigten deutlich die Größe und Lage der Fabrik.

Warum also wurde die Fabrik nicht bombardiert? Einige spekulieren, dass die explizite Strategie der Alliierten darin bestand, die Zivilbevölkerung zu treffen, die immer noch fanatisch hinter Hitler stand, um ihre Moral zu brechen. Andere verweisen auf die Anwesenheit von Tausenden ausländischer Zwangsarbeiter in Hirschhagen, die von den Bombenangriffen erfasst worden wären. Eine dritte Theorie geht davon aus, dass die Fabrik nicht bombardiert wurde, damit die Alliierten nach dem Krieg etwas über die fortschrittlichen Herstellungsverfahren und Produktionstechnologien der Nazis erfahren konnten. Dieter Vaupel favorisiert letztere Theorie, räumt aber ein, dass seine Forschung noch keine endgültige Antwort liefern kann. Er befürchtet, dass die wahren Gründe, wie viele andere Details der Hirschhagen-Geschichte, immer schwieriger zu ermitteln sind, je weiter sie in die Geschichte zurückgehen.

***

Das Treffen im September 1987 war das letzte Mal, dass sich die ehemaligen Arbeiter innen und Arbeiter der Sprengstofffabrik in Hessisch Lichtenau versammelten, aber nicht das letzte Mal, dass die jüdischen Frauen und Mädchen des Lagers Vereinshaus Gegenstand einer Projektwoche waren. Die Überlebenden würden auch zukünftig noch von der Jugend Hessisch Lichtenaus auf bemerkenswerte und unerwartete Weise geehrt werden.

Kapitel 12
Buch über ein Buch

Mehr als 35 Jahre nachdem Dieter Vaupel und seine Schülerinnen und Schüler die ersten Schritte unternommen hatten, um herauszufinden, was in ihrer Stadt während der NS-Herrschaft geschah, halten Bemühungen in Hessisch Lichtenau an die Geschehnisse von damals zu erinnern noch immer an. Ingo Geisler, der ehemalige Bürgermeister der Stadt, der einst befürchtete, dass eine zu schnelle Aufarbeitung der Vergangenheit dem Ansehen der Stadt schaden könnte, hat in den letzten Jahren sogar die Arbeit von Dieter und den Schülerinnen und Schülern öffentlich gelobt.

Die Geschichte von Hessisch Lichtenau während der NS-Zeit ist jetzt zu einem wiederkehrenden Unterrichtsthema in der Lichtenauer Schule geworden, und die jüdischen Frauen und Mädchen des Lagers Vereinshaus zum Gegenstand der Projektwochen.

2019 ehrten Schülerinnen und Schüler die jüdischen Frauen und Mädchen, indem sie eine Menschenkette organisierten, um den fast fünf Kilometer langen Weg zu markieren, den die Insassen vom Lager Vereinshaus zur Sprengstofffabrik in Hirschhagen gehen mussten. Fast zweitausend Menschen hielten sich an den Händen und bildeten die Kette.

Stefan Reuß, Mitglied der Projektwochengruppe von 1987, war einer der Teilnehmer an der Menschenkette 2019. Er war inzwischen Landrat für den Werra-Meißner-Kreis, dem Heimatkreis von Hessisch Lichtenau, und setzte sich

77 Menschenkette vom Lagergelände zur Sprengstoffabrik zu Ehren der Frauen und Mädchen, die in Hessisch Lichtenau leiden mussten *(Foto: ExtraTip Werra-Meißner)*

in dieser Position auch für Initiativen ein, die das Gedenken an die schlimmen Ereignisse der NS-Zeit wachhielten. Die Projektwoche hatte ihn geprägt.

***

Im Frühherbst 2019 war Dieter Vaupels Arbeit Teil einer Veranstaltung in Kalifornien. Dort standen Vorträge und eine Podiumsdiskussion über die neu veröffentlichte Biografie der Lager-Vereinshaus-Überlebenden Kati Kellner Salcer und ihres Mannes Willi Salcer im Mittelpunkt: *No Past Tense. Love and Survival in the Shadow of the Holocaust.*

Zu den Rednern der Veranstaltung gehörten Katis Familienmitglieder und die Autorin D.Z. Stone. Die Holocaust-Forscherin Dr. Holli Levitsky leitete die Podiumsdiskussion. Ebenfalls anwesend war Prof. Dr. Michael Berenbaum, Gründer und ehemaliger Projektleiter des United States Holocaust Memorial Museum sowie ehemaliger Präsident und Geschäftsführer der Shoah Visual History Foundation, der das Vorwort zu *No Past Tense* schrieb.

Kati Salcer war eine tschechische Jüdin, die aufgrund der sich in Europa verschiebenden Grenzen vom Holocaust in Ungarn erfasst wurde. Kati und andere jüdische Frauen und Mädchen aus der dortigen Region wurden nach Auschwitz deportiert und dann von dort nach Hessisch Lichtenau geschickt. Aus Katis Dorf Plesivec kamen eine ganze Reihe anderer Frauen und Mädchen: Clara Loebl, Ilona Kellner, Vera Kellner, Ica Moravi, Edith Pincasz, Martha Pincasz, Magda Fisher und Eva Fisher.

Kati und die Fisher-Schwestern gehörten in Hessisch Lichtenau zu den sogenannten «Kanarienvögeln», deren Haut durch die Arbeit in der Fabrik mit der Chemikalie Trinitrotoluol (TNT) gelb wurde. Die Chemikalie beeinträchtigte ihre Gesundheit ernsthaft. Als Kati gemeinsam mit Magda deren Schwester Eva Fisher tot in ihrer Baracke fand, fragte Kati, die deutsch sprach, einen mitfühlenden deutschen Wärter, ob sie Eva ein ordentliches jüdisches Begräbnis geben könnten, anstatt Evas Leiche in den Ofen nach Auschwitz zu schicken. Die Wache sagte ja, also haben Kati und Magda die ganze Nacht auf dem Gelände des Lagers Vereinshaus ein Grab für Eva ausgehoben. Eva wurde am Morgen beerdigt. Es ist nicht bekannt, ob ihre Leiche entdeckt wurde, als das Lager geräumt und die Schule gebaut wurde.

Die kalifornische Veranstaltung mit dem Titel «Die nie erzählte Geschichte des vermissten Nazi-Arbeitslagers» konzentrierte sich auf die tiefgreifende Wirkung, die Dieter Vaupels Forschungen zur Aufdeckung der Geschichte der Sprengstofffabrik für Überlebende hatten, insbesondere die Bestätigung der Erinnerungen von Kati Kellner Salcer.

Zur Vorbereitung der Veranstaltung arbeitete Dieter Vaupel in einem Projekt mit Schülerinnen, unterstützt durch einen lokalen Fernsehsender, Offener Kanal in Kassel, um einen kurzen Dokumentarfilm über jüdische Frauen und Mädchen zu drehen.

Abgewechselt mit einer von Vaupel kommentierten Führung durch die ehemalige Sprengstofffabrik stellten die Schülerinnen Szenen nach und lasen aus Blanka Pudlers Memoiren. Eine englische Version des Dokumentarfilms wurde bei der Veranstaltung am 5. Dezember 2019 im Jewish Community Center in Redondo Beach, Kalifornien, gezeigt.

Alida Scheibli, die aus Blankas Memoiren las, sagte, es sei eine große Ehre, an dem Projekt mitzuarbeiten, aber sie sei ziemlich angespannt:

> Es ist ein sehr ernstes, aber auch sensibles Thema. Obwohl die Ereignisse vor mehreren Jahrzehnten stattfanden, liegen ihre Schatten bis heute über uns. Es fühlte sich großartig an, mit diesem Film Stellung zu beziehen und deutlich zu machen, dass sich die Geschichte nicht wiederholen darf.

Schülerin Rieke Bauer, die in der Dokumentation Blanka Pudler spielte, sagte, ihr Interesse sei durch Blankas Memoiren geweckt worden:

78 Alida Scheibli und Dieter Vaupel bei einer Lesung aus Blankas Memoiren
(Foto: Reiner Sander)

> Wir – Marilen, Lea, unsere Klassenkameradin Clara und ich – haben das Buch über Blankas Geschichte kurz nach dem Erscheinen gelesen. Während einer Projektwoche haben wir das Buch allen Klassen unserer Schule vorgestellt und viel über das Schicksal von Blanka und den anderen jüdischen Frauen und Mädchen gesprochen.

Die Schülerinnen fühlten, dass der Aufenthalt im kalten Wald während der Dreharbeiten ihnen half, besser zu verstehen, was die jüdischen Frauen und Mädchen durchgemacht hatten.

> Wir standen viele Stunden draußen im Wald, um den Film zu drehen, und spürten die Kälte, von der Blanka berichtete. Es ist etwas anderes, Hände und Füße vor lauter Kälte kaum noch zu spüren, als es in einem Buch zu lesen, während man bequem im Bett liegt,

sagte Marilen Schäfer, die im Film eine jüdische Zwangsarbeiterin darstellte.

79–80 Ausschnitte aus dem Film über die jüdischen Zwangsarbeiterinnen AUF EINEM FREMDEN UNBEWOHNBAREN PLANETEN. Rieke Bauer als Blanka auf dem Weg vom Lager zum Arbeitsplatz (oben); Marilen Schäfer und Lea Achler in der Rolle als Häftlinge auf dem Weg durch Hessisch Lichtenau (unten)

Lea Achler spielte Helga, eine junge deutsche Frau, die in der Fabrik arbeiten musste. Wann immer sie konnte, brachte Helga für Blanka etwas zu essen mit. Lea stimmte Marilen zu, dass das Filmen in der Kälte ihnen ein besseres Verständnis vermittelte. «Ich war nach vier Stunden Drehzeit durchgefroren und trug, im Gegensatz zu den Jüdinnen damals, noch relativ warme Kleidung.»

Lea hatte auch Bedenken, dass die meisten ihrer Mitschüler noch immer nicht gut darüber informiert wären, was sich während der Nazizeit ereignete. Sie fand es

> bedauerlich, dass viele junge Menschen nicht einmal wissen, was in Hessisch Lichtenau passiert ist... was direkt vor der eigenen Haustür passiert ist, ist nicht einmal bekannt... Die nationalsozialistische Geschichte jeder Stadt sollte nicht vergessen werden.

Rieke Bauer meinte, die Nazi-Vergangenheit der Stadt sei den Jugendlichen nicht bewusst gewesen, weil «die heutige Generation von Schülern lange nach der NS-Zeit geboren wurde und keinen direkten Bezug mehr zu dem hat, was passiert ist.» Rieke findet es wichtig, dass junge Menschen lernen, was sich damals ereignete. Sie sollten nicht nur «erkennen, unter welchen guten Bedingungen wir heute leben und diese zu schätzen lernen», sondern auch, «dass das, was damals passiert ist, nie wieder passieren darf».

Alida Scheibli glaubt:

> Filme wie dieser sind eine notwendige Erinnerung an eine glücklicherweise vergangene Ära und regen uns an, daran zu denken, wozu die Menschheit in ihren dunkelsten Stunden fähig war. Wie es in der Natur der Zeit liegt, wird die Zahl der Zeitzeugen auf der Welt von Tag zu Tag weniger. Dies in Kombination mit einer unsachgemäßen Aufklärung über das Thema führt dazu, dass die jüngere Generation eine emotionale Distanz zu den Ereignissen entwickelt. Einige gehen aus Mangel an Verständnis sogar so weit, über diese Zeit zu scherzen. Ich glaube, sie würden ihre Meinung ändern, wenn sie die Gelegenheit hätten, die Momente echter Qual und Verzweiflung zu sehen, die die Frauen vor 70 Jahren durchmachen mussten.

Für Marilen Schäfer ist es auch besonders wichtig, «wenn man an einem Ort lebt, wo Frauen und Mädchen gelitten haben, sollten ihre Erinnerung nicht in Vergessenheit geraten.»

***

Über die Jahre blieb Dieter Vaupel in Kontakt mit vielen der jüdischen Frauen, die aus Auschwitz nach Hessisch Lichtenau geschickt worden waren. Manchmal sah er sie, wenn er in Budapest war oder wenn einige zu Besuch nach Hessisch Lichtenau zurückkehrten. Viele der Frauen hatten langjährige Freundschaften mit den Stadtbewohnern aufgebaut, seit sie während der Ehemaligentreffen für einige Tage in ihren Häusern zu Gast waren.

Dieter korrespondierte lange Jahre mit den in Ungarn lebenden Frauen sowie mit denen in Israel, den Vereinigten Staaten und anderen Ländern. Insgesamt konnte er so mit über 200 von ihnen in Kontakt kommen, mit manchen entstanden Freundschaften. Eine besonders starke Freundschaft entstand zwischen Dieter Vaupel und Blanka Pudler.

Als er Blanka in Budapest kennenlernte und sie dann zum Treffen 1987 zum ersten Mal nach Hessisch Lichtenau kam, erkannte Dieter Vaupel sofort ihre außergewöhnlichen Kommunikationsfähigkeiten und ihre Fähigkeit, zu jungen Menschen emotionale Beziehungen aufzubauen. Dieter Vaupel und Jürgen Jessen arrangierten, dass Blanka regelmäßig in Schulen in Deutschland sprach. Blanka erzählte immer wieder ihre Geschichte, auch an Schulen in Ungarn, solange es ihre Gesundheit zuließ. 2014 reiste sie zum letzten Mal nach Deutschland, um den Schülerinnen und Schülern zu berichten, was sie als 15-jähriges Mädchen erleben musste.

Dieter ermutigte Blanka auch, ihre Geschichte aufzuschreiben, aber sie war, wie sie selbst von sich sagte, «keine geborene Schriftstellerin». Sie fragte, ob Dieter ihr vielleicht helfen würde, ihre Gedanken zu ordnen. Immer wieder haben sie im Verlaufe der Jahre an ihren Memoiren gearbeitet.

Leider war die Arbeit noch nicht abgeschlossen, als Blanka im Jahr 2017 starb. Bei ihrer Beerdigung versprach Dieter Vaupel, dass er Blanka Pudlers Geschichte nicht verloren gehen lassen würde. Er würde ihre Memoiren für sie fertigstellen. 2018 erschien das Buch *Auf einem fremden unbewohnbaren Planeten. Wie ein 15-jähriges Mädchen Auschwitz und Zwangsarbeit überlebte.*

Im Jahr 2020 beschloss der britische Verlag Vallentine Mitchell, die Memoiren von Blanka Pudler auf Englisch zu veröffentlichen. Unter den ersten Veröffentlichungen von Vallentine Mitchell, der sich auf Bücher über Judentum, Nahost- und Holocaust-Studien spezialisiert hat, war Anne Franks Tagebuch. Vallentine Mitchell bat auch darum, dass Blankas Memoiren ein «Buch über das Buch» beigefügt werden sollte, in dem die Bemühungen von Dieter Vaupel und seinen Schülerinnen und Schülern beschrieben werden, die Ereignisse in ihrer Stadt aufzudecken. Das ist dieses Buch, das nun aus dem Englischen ins Deutsche übersetzt worden ist.

Nachwort
Kein Traum

Wann immer Kati Kellner Salcer nach dem Krieg beschrieb, dass sie von Auschwitz in ein kleines Arbeitslager in Lichtenau, Deutschland, geschickt wurde, um in einer unterirdischen Fabrik mit Tausenden von Zwangsarbeitern zu arbeiten, wurde ihr nicht geglaubt, nicht einmal von ihrem Ehemann. Wie kann es sein, fragte sich ihr Ehemann, ein Ingenieur, dass auf einer unterirdischen Fabrik mit Tausenden von Arbeitern ein unberührter Wald steht? Und warum hat niemand von diesem Ort gehört? Vielleicht, so dachte er, war es eine Vorstellung aus einer traumatisierten Erinnerung. Kati war schließlich erst ein 16-jähriges Mädchen, das gerade seine Mutter, seinen Bruder und seine Großmutter in Auschwitz verloren hatte.

Also hörte Kati auf, über ihre Kriegserlebnisse zu sprechen, bis ihr Sohn 1999 eine Schriftstellerin engagierte, damit er erfahren konnte, was seine Eltern während des Krieges erlebten. Ich bin diese Schriftstellerin.

Als ich versuchte herauszufinden, wohin Kati geschickt worden war, erfuhr ich schnell, dass es in Deutschland viele Orte mit dem Namen «Lichtenau» gab. Selbst wenn ich gewusst hätte, dass es «Hessisch Lichtenau» ist, und das Glück gehabt hätte, auf das 1990 von der Stadt herausgegebene Buch über seine 700-jährige Geschichte zu stoßen, hätte ich keine Erwähnung der Sprengstofffabrik und der Lager gefunden. Gregor Espelage und Dieter Vaupel haben später mit Unterstützung der Geschichtswerkstatt eine ergänzende Broschüre herausgegeben, die diese Lücke in den historischen Aufzeichnungen schloss. Aber keines dieser Dokumente war 1999 für eine Schriftstellerin in den Vereinigten Staaten (die kein Deutsch lesen konnte) leicht zugänglich, insbesondere angesichts der Einschränkungen zu diesem Zeitpunkt, das Internet als Recherchewerkzeug zu nutzen. Nur wenige Bibliotheken verfügten über durchsuchbare elektronische Datenbanken.

Trotzdem war Katis Geschichte so lebendig und unveränderlich, dass ich überzeugt war, dass sie in einer Art unterirdischer Anlage gearbeitet haben musste. Ich fragte einen befreundeten Geologieprofessor, Dr. William Menke von der Columbia University, ob er eine natürliche Formation oder Mine in Deutschland kenne, die während des Krieges genutzt worden sein könnte. Er sagte, er würde sich das ansehen und besprach es mit seiner Frau, Dr. Dallas Abbott, ebenfalls Geologin.

Dallas erzählte mir, dass ihr Katis Erfahrung sehr bekannt vorkam. Es war dieselbe Kriegsgeschichte, die sie von Judith Isaacson gehört hatte, ihrer Nachbarin, als sie in Maine aufwuchs. Robert gab mir eine Kopie von Judiths Memoiren, «Seed of Sarah. Memoir of a Survivor». Da war es, das Arbeitslager und die unterirdische Fabrik! Erstaunlicherweise war die Nachbarin meiner Freundin aus Kindertagen im selben Zwangsarbeitslager wie Kati Kellner Salcer gewesen.

Als ich mit Judith sprach, erzählte sie von ihrem Besuch in Hessisch Lichtenau 1983. Ihr wurde gesagt, dass es dort keine unterirdische Rüstungsfabrik gegeben habe. Erst einige Jahre später, als sie per Post eine wissenschaftliche Arbeit eines deutschen Geschichtslehrers namens Dieter Vaupel erhielt, wurde ihr Gedächtnis bestätigt.

Judith brachte mich mit Dieter Vaupel in Kontakt, der bestätigte, dass Kati zu denen gehört hatte, die aus Auschwitz geschickt worden waren, um Sklavenarbeiterinnen in einer riesigen Sprengstofffabrik zu werden. Und ja, es gab Fabrikgebäude, die durch tunnelartige Eingänge in einem dichten Wald zu betreten waren. So hatten sie gefühlt «unter Tage» gearbeitet. Später erfuhr ich, dass es nicht so tief unter der Erde war, wie die Eingänge und die Tarnung Kati und andere vermuten ließen.

Von Judith Isaacson erfuhr ich zuerst, dass Dieter Vaupel bei seinen Forschungen, die diese Geschichte ans Licht brachten, auf Widerstand, ja sogar Drohungen gestoßen war. Ich war auch beeindruckt, dass die Forschung als Projekt seiner Highschool-Schüler begonnen hatte. Ich fragte, warum er weitergemacht habe, nachdem er bedroht wurde. Er antwortete in einer einzeiligen E-Mail: «Es war das Richtige.»

Kati Salcer sagen zu können, dass sie sich diesen Ort nicht nur vorgestellt hatte, dass sie dort gewesen war und ihn nicht geträumt hatte, war einer der befriedigendsten Momente meines Lebens.

Als Blanka Pudler 1987 bei der Gedenkfeier eine Rede hielt, sprach sie davon, wie wichtig Dieter Vaupels Arbeit für ihr Leben gewesen sei. Sie erzählte von ihrer Reaktion, als sie zum ersten Mal ein Exemplar von Dieters Buch über die jüdischen Frauen und Mädchen des Lagers Vereinshaus erhielt.

Sie nahm das Buch aus dem Briefkasten, öffnete den Umschlag, und als sie sah, dass es um das Lager ging, in dem sie als junges Mädchen gewesen war, begann sie sofort zu lesen. Sie blieb an ihrem Briefkasten hängen, bis sie das ganze Buch durchhatte.

Blanka war schockiert, all die Fakten und Zahlen über ihre eigenen Erfahrungen schwarz auf weiß zu sehen. Auch ihr war alles wie ein böser Traum vorgekommen. Jetzt hatte sie die Beweise. Es war echt. Wie Kati Salcer und Judith Isaacson hatte sich Blanka Pudler nichts davon eingebildet. Das war ihnen passiert.

D.Z. Stone

Literaturverzeichnis

Buergenthal, Thomas: *Ein Glückskind. Wie ich als kleiner Junge Auschwitz überlebte und ein neues Leben fand.* Frankfurt a. M.: Fischer Verlag 2007.

Stadt Hessisch Lichtenau (Hrsg): *Themenweg Hirschhagen. Von einer der größten Sprengstofffabriken des Dritten Reiches zum Industriegebiet Hessisch Lichtenau.* Hessisch Lichtenau o. J.

Stadt Hessisch Lichtenau (Hrsg.): *700 Jahre Hessisch Lichtenau. Ein Beitrag zur Heimatkunde 1289–1989.* Hessisch Lichtenau 1989.

Espelage, Gregor: *«Friedland» bei Hessisch Lichtenau. Band II: Geschichte der Sprengstoffabrik Hessisch Lichtenau.* Hrsg. Stadt Hessisch Lichtenau 1994.

Espelage, Gregor / Vaupel, Dieter: *700 Jahre Hessisch Lichtenau – Ein ergänzender Beitrag zur Heimatkunde. Rüstungsproduktion in «Friedland». Die Fabrik Hessisch Lichtenau zur Verwertung chemischer Erzeugnisse.* Witzenhausen: Ekopan-Verlag 1989.

Freiherr-vom-Stein-Schule: *Erinnern – aber wie? Wie in Zukunft mit der NS-Geschichte in Hessisch Lichtenau umgegangen werden soll. Dokumentation der Projektwoche vom 07.–12.09.1987.* Hessisch Lichtenau 1987.

Projektgruppe Hirschhagen: *Hirschhagen. Sprengstoffproduktion im Dritten Reich.* Kassel und Wiesbaden: Hessisches Institut für Bildungsplanung und Schulentwicklung 1991.

Jessen, Jürgen / Geschichtswerkstatt Hessisch Lichtenau (Hrsg.): *Wie es war. Zeitzeugen des Holocaust in Schule und Öffentlichkeit.* Witzenhausen: Ekopan-Verlag 1994.

Magyar Isaacson, Judith: *Seed of Sarah: Memoirs of a Survivor.* Urbana: University of Illinois Press 1991.

Magyar Isaacson, Judith: *«Freut euch, ihr Lebenden, freut euch». Erinnerungen einer ungarischen Jüdin.* Hrsg. Neu-Sokol, Gerda. Berlin: Hentrich & Hentrich 2010.

Mark, Elke: *Kanarienvögel. Buch und Film über Blanka Pudler.* Köln: Prima Print GmbH 2008.

Moreimi, Eva: *Hidden Recipes. A Holocaust Memoir.* Minneapolis: Second Gen Press 2019.

Kammler, Jörg / Krause-Vilmar, Dietfrid / Kujawski, Siegfried / Prinz, Wolfgang / Wilmsmeier, Robert: *Volksgemeinschaft und Volksfeinde. Kassel 1933–1945. Eine Dokumentation.* Kassel 1984.

König, Wolfram / Schneider, Ulrich: *Sprengstoff aus Hirschhagen. Vergangenheit und Gegenwart einer Munitionsfabrik.* Kassel: Verlag Gesamthochschulbibliothek 1987 (= Nationalsozialismus in Nordhessen, Band 8).

Levi, Trude: *A Cat called Adolf.* Ilford: Vallentine Mitchell 1995.

Levi, Trude: *Did you ever meet Hitler, Miss? A Holocaust Survivor talks to Young People.* London & Portland, OR: Vallentine Mitchell 2003.

Stone, D.Z.: *No Past Tense. Love and Survival in the Shadow of the Holocaust.* London & New York: Vallentine Mitchell 2019.

Pudler, Blanka / Vaupel, Dieter: *Auf einem fremden unbewohnbaren Planeten. Wie ein 15-jähriges Mädchen Auschwitz und Zwangsarbeit überlebte.* Bonn: Dietz-Verlag 2019[2].

Vaupel, Dieter: *Das Außenkommando Hess. Lichtenau des Konzentrationslagers Buchenwald 1944/45. Eine Dokumentation. Kassel:* Verlag Gesamthochschulbibliothek 1984 (= Nationalsozialismus in Nordhessen, Band 4).

Vaupel, Dieter: *«Unauslöschbare Spuren» – Zwangsarbeiterinnen der Dynamit AG berichten nach mehr als vierzig Jahren.* In: 1999. Zeitschrift für Sozialgeschichte des 20. und 21. Jahrhunderts, Heft 4/ 1988, S. 60–74.

Vaupel, Dieter: *The Hessisch Lichtenau Sub-Camp of the Buchenwald Concentration Camp, 1944–45.* Published in: Randolph L. Braham (ed.): *Studies on the Holocaust in Hungary.* Columbia University Press 1990, pp. 194–237.

Vaupel, Dieter: *Spuren die nicht vergehen. Eine Studie über Zwangsarbeit und Entschädigung.* Kassel: Verlag Gesamthochschulbibliothek 2001 (= Nationalsozialismus in Nordhessen, Band 12).

Vaupel, Dieter: *Materialien für den Unterricht: Auf einem fremden unbewohnbaren Planeten.* Bonn: Dietz-Verlag 2019.

Dieter Vaupel
Egbert Hayessen
Erinnerungen an einen fast vergessenen Widerstandskämpfer des 20. Juli 1944 und seine Familie
148 S. | Abb. | Pb. | € 19,90
ISBN 978-3-7410-0266-3

Das Buch erzählt und dokumentiert die bewegende Geschichte des fast vergessenen Widerstandskämpfers Egbert Hayessen und seiner Familie. Er schloss sich dem militärischen Widerstand und wurde als einer der ersten nach dem Scheitern der Verschwörung festgenommen. Am 15. August 1944 verurteilte man ihn vor dem Volksgerichtshof zum Tode. Seine Familie – einschließlich seiner beiden kleinen Söhne – kam in Sippenhaft und durchlebte auch noch nach Kriegsende eine schwere Zeit.

Dieter Vaupel
«Etwas Schaden ist wohl bei den meisten Juden eingetreten» Jüdisches Leben in Felsberg: Integration – Verfolgung –Erinnerung
376 S. | Abb. | Geb. | € 28,00
ISBN 978-3-7410-0270-0

Der Autor lässt die Geschichte einer kleinen Gemeinde lebendig werden, indem er den Blick auf Details richtet. Er gibt den verfolgten Menschen einen Namen und ein Gesicht und dokumentiert Einzel- und Familienschicksale, die exemplarisch zeigen, wohin Hass und Intoleranz führen. Er spannt dabei den Bogen von den ersten auffindbaren Spuren jüdischen Lebens in der nordhessischen Kleinstadt Felsberg bis zum Wiederentstehen einer jüdischen Gemeinde Anfang des 21. Jahrhunderts.

Dieter Vaupel
«Und wenn einer umfällt und nicht gleich wieder aufsteht, so kann uns das gleich sein»
Theobald Fenner und das Pogrom vom September 1935 in Spangenberg
280 S. | 150 Abb. | Pb. | € 28,00
ISBN 978-3-7410-0276-2

Dies ist ein Buch über einen Täter. Bürgermeister Fenner war ein Antisemit und ein fanatischer Nationalsozialist, aber er war kein Mörder oder gar Massenmörder, auch niemand, der an der Organisation des Massenmordes an den Juden direkt beteiligt war. Er war ein kleines Rädchen in der nationalsozialistischen Bürokratie,. Männer wie er bereiteten auf lokaler Ebene das vor, was mit der Ermordung von sechs Millionen Juden endete.